（関先生が教える）

# 世界一わかりやすい
# TOEIC®テストの英単語

MR. SEKI'S GUIDE TO ENGLISH VOCABULARY FOR THE TOEIC® TEST

関 正生 著

カール・ロズボルド 英文監修

音声ダウンロード付

TOEIC is a registered trademark of Educational Testing Service (ETS).
This publication is not endorsed or approved by ETS.

# はじめに

preface

　単語の勉強といえば、「本人の努力次第」と思われがちです。しかし、単語帳というものが世に存在する以上、そこに作り手のこだわりと、英語指導者だからこそ知っているコツを盛り込み、「覚えられる」経験ができる本にしたいと考えていました。そして、それを形にしたのがこの本です。特に以下の3点にこだわりました。

## ①覚えられる！

　すべての語句に覚えるための「コメント」を加えました。「英単語の持つイメージ・使い方・覚えるきっかけ・TOEICテストの情報」など、有益な内容を詰め込みました。一見トリビアに思える内容でさえも、すべては「覚えるきっかけ」になり、みなさんのアタマに染み込むはずです。

## ②そのまま出る！

　TOEICテスト本番に「そのまま出る！」キラーフレーズを採用しました。その的中数に、試験本番で驚いていただけるはずです。

## ③得点になる！

　たとえば、currently「現在は」という単語はどのTOEICの単語帳にも載っているでしょうが、この単語が持つ重要性が語られたことはないはずです。Part 7の長文では、currentlyは「あくまで今現在では」という意味であり、それはつまり「昔とは違うよ」や「今後は変わるかも」ということを暗示します。そしてその部分が設問で狙われることが異常に多いのです（詳しくは14ページで）。このように、

ただ「よく出る」というだけでなく、「設問に関わりやすい語句・得点に直結する語句」を「きちんと解説」しています。すべては「スコアup」を念頭に置いて解説を施しました。

　無機質になりがちな単語帳に、魂を吹き込み、血を通わせました。どのページでもけっこうですので、パッと開いたページを読んでみてください。「英単語がアタマに染み込む」ことを体感できるはずです。

関正生

## contents

はじめに ……………………………………… 3
本書の特長 …………………………………… 7
この本の使い方 ……………………………… 10
音声ダウンロードのご案内 ………………… 12

**Unit 01　TOEIC超重要単語**
「訳語」を覚えるだけではもったいない超重要語句 ……… 13

**Unit 02　出題確実の鉄板単語**
スコア直結の「レギュラー」表現 ……………………… 29

**Unit 03　Part1超頻出「まとめ単語」**
意外と難しい「総称的にまとめた単語」 ………………… 51

**Unit 04　TOEIC特有単語**
「意外な意味」で狙われる語句 …………………………… 55

**Unit 05　訳語が難しい重要単語**
何となくわかった気になっちゃう語句 …………………… 71

**Unit 06　みんなが勘違いしやすい単語①**
よくある勘違いを一発で直す ……………………………… 79

**Unit 07　みんなが勘違いしやすい単語②**
英文が読めないのは「単語を勘違い」しているせい!? …… 93

**Unit 08　一度はきちんとチェックしたい単語**
単語帳では重視されない「簡単だけど重要」な語句 …… 109

**Unit 09　もう1つの「品詞」が狙われる単語**
TOEICは「品詞」の知識を重視する ……………………… 125

| Unit 10 | **TOEIC常連の難単語**<br>「こんなの出るの？」という重要語句 ……… **141** |
|---|---|
| Unit 11 | **絶対に知っておきたい「基本単語」①**<br>キラーフレーズ＆解説で確実に覚えたい語句 **153** |
| Unit 12 | **絶対に知っておきたい「基本単語」②**<br>基礎力をグイグイ引き上げる語句 ……… **185** |
| Unit 13 | **絶対に知っておきたい「基本単語」③**<br>600点の大台をクリアするための語句 …… **225** |
| Unit 14 | **上級者を目指す「応用単語」①**<br>800点を目指すための語句 ……… **243** |
| Unit 15 | **上級者を目指す「応用単語」②**<br>TOEICを楽しめるようになる語句 ……… **269** |
| Unit 16 | **実際に出る「難」単語**<br>900点オーバーを目指す人の語彙 ……… **287** |

### 付 録

| | | |
|---|---|---|
| 1 | みるみる覚えられる「動詞の語法」 | **310** |
| 2 | Part5頻出の「コロケーション」 | **320** |
| 3 | 暗記が劇的に減る「前置詞」 | **325** |
| 4 | 長文攻略のための「因果表現」 | **335** |
| 5 | Part6で狙われる「接続副詞」 | **338** |

INDEX ……………………………… **340**
おわりに …………………………… **351**

ブックデザイン　西垂水敦＋平山みな美 (tobufune)
本文イラスト　　ツダタバサ

# 本書の特長

what makes this book different

## ○ 強烈に記憶に残る「コメント」

すべての見出し語につけたコメントを読むことで、語句の記憶への残り方が格段に変わります。この解説で、従来の単語帳の概念が変わるはずです。

## ○「覚えやすい」構成

TOEICの単語帳は「Part別」「目標スコア別」で単語を掲載するのが主流です。この本では、そういった要素を取り入れつつも、「勘違いしやすい単語」「まとめ単語」など、「覚えやすい」構成を最優先しました。20年以上の英語指導の経験をすべて注ぎ込みました。

## ○ かゆいところに手が届く単語のチョイス

「単語」という枠にとらわれることなく、TOEIC学習者に必要な語句（熟語や決まり文句）も載せました。

たとえば、down the hall「廊下の先」(113ページ)は、1つ1つの単語が簡単なので、今までTOEICの単語帳で取り上げられることはほとんどなかったと思います。でも実際は、何だかわかりにくいのにTOEICではよく出る重要表現です。また、keynote speakerは「基調講演者」(77ページ)と訳語を示すだけでなく、それが一体何なのかという、TOEIC学習者に必要な情報を詰め込みました。

## ○ 的中連発の「キラーフレーズ」

単語帳は「覚えるリズム」が重要です。例文が長いと勉強のリズ

ムが崩れます。ですからこの単語帳では「文」にこだわることなく、短い「フレーズ」のほうが覚えやすい場合は、徹底的に短くしたフレーズを提示しました（もちろん長い文のほうがイメージがわきやすい場合や、そのままよく出る文は、長くても採用したものもあります）。

フレーズひとつひとつを厳選し、その単語の持つイメージを正確に伝えられるよう工夫しました。そして何よりも、本番の試験で「ドンピシャで出る」ものばかりで、この本の大きな特長の1つです。

## ○ 訳語を厳選

たくさんの訳語が載っているほうが親切に見えるかもしれませんが、実はこれが記憶のジャマになります。覚えるリズムも悪くなります。本書ではその単語のイメージにピッタリの訳語を厳選しました（たとえば従来の単語帳はalternativeを「どちらか1つ選ぶべきの」と訳しますが、「代わりの」と覚えたほうが断然覚えやすくなります）。

## ○ 付加情報も厳選

派生語なども、たくさん載っていたほうがお得感が出ますが、これまた記憶のジャマになります。派生語は「覚えるのに役立つ」とき、その派生語も「本番によく出る」ものだけ載せました。

## ○ ビジュアルでも理解できる

この本にはたくさんのイラストや写真がありますが、これらは決して単なるさし絵ではありません。単語のイメージをより強固にするために、見せ方を徹底的に考え抜いたものです。

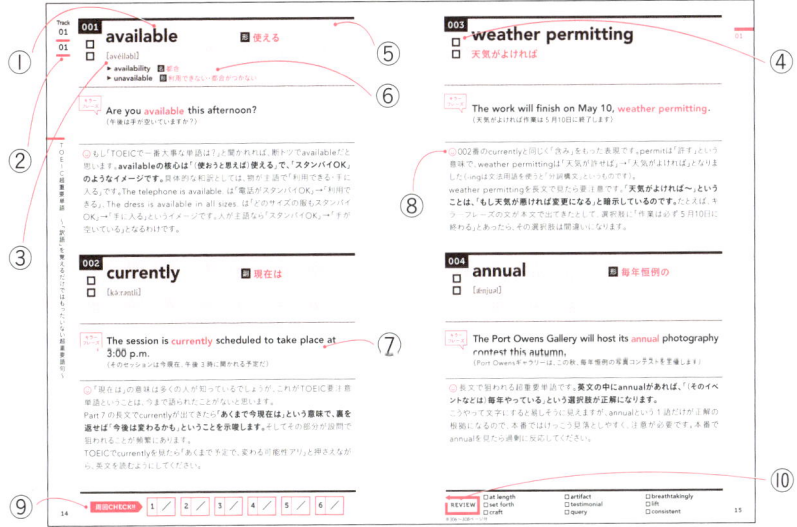

① 見出し語

② トラック番号
ダウンロード音声のトラック番号に対応しています。

③ 発音記号

④ チェックボックス

⑤ 日本語訳
見出し語の持つイメージにピッタリの訳語を厳選しました。

⑥ 派生語・関連表現
見出し語を覚えるのに役立ち、本番で出るものに絞って掲載しました。

⑦ キラーフレーズ
見出し語の持つイメージを正確に伝え、かつ、本番で出るフレーズです。

⑧ コメント
単語の持つイメージ、使い方、TOEICテストでどんなふうに出るかなど、覚えるきっかけとなる有益な情報を詰め込みました。

⑨ 周回CHECK!!
単語帳は1カ月に6回繰り返すことが重要（10ページ）。取り組んだ日付を書き込める欄を6周分作りました。

⑩ REVIEW
復習用として、1つ前の見開きで取り上げた語句を掲載しています。（最初の見開きには、306〜308ページの語句が掲載されています）。

### 本書に登場する記号

**名**：名詞　**動**：動詞　**形**：形容詞
**副**：副詞　**前**：前置詞

# この本の使い方

how to use this book

## ●「やること」が大事。始めるのは好きなところから

出題頻度が高いものを前に載せたので、もくじの順番通りがベストではありますが、もくじを見て、好きなテーマ・気になるテーマがあれば、そこから始めるのもアリです。単語帳は「やること」が一番大事です。

## ● 英語→キラーフレーズ→解説にひと通り目を通す

この本のキラーフレーズ（例文）は、ただのおまけではありません。覚えるべき単語のイメージを補強し、しかもそのまま本番で出るという、精巧な作りになっています。解説はそのキラーフレーズを踏まえているので、必ず一緒に目を通してみてください。記憶への残り方がまるで違うはずです。知っている単語でも、読み飛ばさないでチェックすると新たな発見があるはずですよ。

## ●「１カ月に６回」繰り返す

単語帳は「短期間（１カ月）」に「ある程度の回数（６回）」目を通すことが必要です。この「１カ月」と「６回」という数字は、ボクが20年間の英語指導で見いだした「結果を残せる数字」です。せっかく何回もやっても、結果が出ないのではもったいないですから、きちんと「１カ月に６回」繰り返せるペースで進めてください。

## ● 英語を見て、日本語訳がわかれば十分

「succeed→成功する」のように、「英語を見て日本語が出る」、そ

して「フレーズ（例文）を見て意味がわかる」なら合格です。「成功する→succeed」のように日本語を見て、英語が出る必要はありません。確かにそれは会話にも役立つので理想ではありますが、膨大な時間がかかります。まずは「意味がわかる」英語の量を増やして、効率的なスコアupを目指していきましょう。

## ○ たまには「書く」のもアリ

つづりは書くor書かない、どっちでもOKです。好みの問題ですが、たまには書くのもいいと思います。

もちろんTOEICでは正しいつづりを書ける必要はありませんから、あくまで「単語を覚えるために」書くわけです。久しぶりに英単語を書いてみると新鮮ですし、（時間はかかるものの）その効果は大きいはずです。

ちなみに、書く場合は「何回書くか？」を決める必要はありません。回数を決めるとノルマになってしまい、「今何回書いたか」に意識がいってしまいます。すべての集中力は英語に向けるべきです。数回書いて覚えられればそれでOKですし、10回書いても覚えられなければ、もっと書けばいいだけです。

## ○ コマ切れ時間を活用して続ける

たとえば、1日に50分を単語に使えるとした場合、一気に50分やる必要はありません。25分×2回でも、10分×5回でも「続けやすい」やり方で学習を進めてください。

# 音声ダウンロードのご案内

download

本書の見出し語とキラーフレーズを収録したMP3形式の音声ファイルを、以下のウェブサイトから無料でダウンロードできます。

## http://www.chukei.co.jp/onsei/

音声は 見出し語 → 見出し語の日本語訳 → 見出し語 → キラーフレーズ の順序で収録されています。
キラーフレーズの日本語訳は読まれません。

〈ナレーター〉
　Josh Keller 🇺🇸　　　Rachel Walzer 🇺🇸
　野中アイ子 🇯🇵

収録時間／約144分
録音／一般財団法人 英語教育協議会（ELEC）

〈ダウンロード方法〉
①パソコンから上記のウェブサイトにアクセスしてください（携帯電話・スマートフォンからはダウンロードできません）。
②「Download」アイコンをクリックし、ポップアップ画面に以下のID(ユーザー名)とパスワードを入力してください。

| ID(ユーザー名) | sekaiichi |
|---|---|
| パスワード | TSX4r8ew |

③ダウンロードした圧縮ファイルを解凍してご利用ください。

Unit
01

# TOEIC
# 超重要単語

「訳語」を覚えるだけでは
もったいない超重要語句

---

ここでは、ただよく出るから「重要」というのではなく、「本当のイメージ」「TOEICでの使われ方」が知られていない、でも毎回確実に出る超重要単語を取り上げます。普通の単語帳にはない詳しい解説は、この単語帳の真骨頂です。

# 001 available

[əvéiləbl]  形 使える

- availability 名 都合
- unavailable 形 利用できない・都合がつかない

**Are you available this afternoon?**
(午後は手が空いていますか?)

☺ もし「TOEICで一番大事な単語は?」と聞かれれば、断トツでavailableだと思います。**availableの核心は「(使おうと思えば)使える」で、「スタンバイOK」のようなイメージです。**具体的な和訳としては、物が主語で「利用できる・手に入る」です。The telephone is available. は「電話がスタンバイOK」→「利用できる」、The dress is available in all sizes. は「どのサイズの服もスタンバイOK」→「手に入る」というイメージです。人が主語なら「スタンバイOK」→「手が空いている」となるわけです。

# 002 currently

[kə́:rəntli]  副 現在は

**The session is currently scheduled to take place at 3:00 p.m.**
(そのセッションは今現在、午後3時に開かれる予定だ)

☺「現在は」の意味は多くの人が知っているでしょうが、これがTOEIC要注意単語ということは、今まで語られたことがないと思います。
Part 7 の長文でcurrentlyが出てきたら**「あくまで今現在は」という意味で、裏を返せば「今後は変わるかも」ということを示唆します。**そしてその部分が設問で狙われることが頻繁にあります。
TOEICでcurrentlyを見たら「あくまで予定で、変わる可能性アリ」と押さえながら、英文を読むようにしてください。

周回CHECK!!  1 /  2 /  3 /  4 /  5 /  6 /

## 003 weather permitting
天気がよければ

**The work will finish on May 10, weather permitting.**
(天気がよければ作業は5月10日に終了します)

😊 002番のcurrentlyと同じく「含み」をもった表現です。permitは「許す」という意味で、weather permittingは「天気が許せば」→「天気がよければ」となりました(-ingは文法用語を使うと「分詞構文」というものです)。
weather permittingを長文で見たら要注意です。**「天気がよければ〜」ということは、「もし天気が悪ければ変更になる」と暗示しているのです。**たとえば、キラーフレーズの文が本文で出てきたとして、選択肢に「作業は必ず5月10日に終わる」とあったら、その選択肢は間違いになります。

## 004 annual
[ǽnjuəl]

形 毎年恒例の

**The Port Owens Gallery will host its annual photography contest this autumn.**
(Port Owensギャラリーは、この秋、毎年恒例の写真コンテストを主催します)

😊 長文で狙われる超重要単語です。**英文の中にannualがあれば、「(そのイベントなどは)毎年やっている」という選択肢が正解になります。**
こうやって文字にすると易しそうに見えますが、annualという1語だけが正解の根拠になるので、本番ではけっこう見落としやすく、注意が必要です。本番でannualを見たら過剰に反応してください。

---

**REVIEW**
※306〜308ページ分

- at length
- set forth
- craft
- artifact
- testimonial
- query
- breathtakingly
- lift
- consistent

## 005 competitive

[kəmpétətiv]  形 競合できる

▶ compete 動 競争する
▶ competitor 名 競争相手・合企業

**キラーフレーズ**
Midwest Furniture, Inc. sells a wide variety of office furniture at very **competitive** prices.
(Midwest Furniture社は、格安で多種多様なオフィス家具を販売しています)

☺ 訳語で混乱しやすいので注意してください。competitive salaryは「ほかより高い給料」、competitive priceだと「ほかより安い値段」となるからです。名詞competition「競争」の下線部をそのまま読めば「コンペ」と読めます。ゴルフの「コンペ」やビジネスの「コンペ」は「競争」という意味です。**形容詞competitiveは「競争できるほどの」→「ほかに負けない」**で、competitive salary「他社に負けない給料」→「ほかより高い給料」、competitive price「他店に負けない値段」→「ほかより安い値段」となります。

## 006 stick

[stík]  動 動けなくする

**キラーフレーズ**
I got **stuck** in a traffic jam.
(渋滞にハマった)

☺ stickのもともとの意味は「棒」で、そこから「棒で刺す」→「棒で刺して動けなくする」→「渋滞で動けなくする」となりました。キラーフレーズのstuckはstickの過去分詞形です(stick-stuck-stuck)。

周回CHECK!!  1 /  2 /  3 /  4 /  5 /  6 /

## 007 pedestrian

[pədéstriən]

名 歩行者

**In Japan, drivers must yield to pedestrians.**
（日本では、車の運転手は歩行者に道を譲らなければならない）

☺ Part 1 で街中の写真に歩行者が写っているときに出てくる単語です。**ped は「足」という意味**で、足の爪に塗る「ペディキュア（<u>ped</u>icure）」や足で踏む「ペダル（<u>ped</u>al）」に使われています。**-ian は「人」**で、「ミュージシャン（music<u>ian</u>）」や「マジシャン（magic<u>ian</u>）」で使われていますね。以上のことから、pedestrian は「足を使って歩く人」→「歩行者」という意味になります。

## 008 take over

動 引き継ぐ

**take over duties from one's predecessor**
（前任者から職務を引き継ぐ）

☺「向こうからやってきた（over）仕事を取る（take）」→「引き継ぐ」になりました。**take の熟語は、基本となる「取る」から考えればアッサリ解決することがよくあります。**退職や企業の合併などに関連して使われ、想像以上に活躍する熟語です。

REVIEW ☐ available ☐ weather permitting
☐ currently ☐ annual

## 009 be situated

**動** 位置している

**キラーフレーズ:** **be situated** next to a bank
（銀行の隣にある）

☺ **situateは本来「（建物を）置く」という意味**で、ほとんどの場合、受動態 be situatedで使われます。be situated「置かれている」→「位置している・ある」となります。リスニングでお店の位置を説明するときによく使われます。

## 010 be located

**動** 位置している

**キラーフレーズ:** Our office **is located** near the highway.
（弊社のオフィスは高速道路の近くに位置しています）

☺ locateもsituateと同じ意味で、受動態 be locatedで使われます。もともと **locateは「（ある場所に建物を）置く」という意味**です。
さらに、「（場所を）**突きとめる**」という意味も一緒にチェックしておきましょう。たとえば、locate the file「ファイルの場所を見つける」となります。

## 011 put on

□□

**動** 身につける

キラーフレーズ

**put on shoes**
（靴をはく）

☺「着る」と訳されることが多いのですが、キラーフレーズの「靴をはく」だけでなく、put on glasses「眼鏡をかける」など、**どんな物にも使えるので、「身につける」と考えるとバッチリです。**
onは「体に接触する」という意味です。Part 1 では、進行形be putting on「身につけている途中だ（着替え中）」という形でよく出てきますが、着替え中の写真が出ることはほとんどないので、たいていの場合、ひっかけで使われます。

## 012 wear

□□

[wéər]

**動** 身につけている

キラーフレーズ

**He is wearing a pair of sunglasses.**
（彼はサングラスをかけている）

☺be wearingという形で出てきます。文法書ではbe wearingは「（一時的に）～を身につけている」と書いてありますが、TOEICではこの細かい区別は不要で、**wear=be wearing**で大丈夫です。Part 1 でput onとの区別が異常に出るので、右の表でまとめておきましょう。

| | 意味 | 進行形（TOEICで出る形） |
|---|---|---|
| put on | 動作<br>**「身につける」** | be putting on<br>**「身につけている途中だ」** |
| wear | 状態<br>**「身につけている」** | be wearing<br>**「身につけている」** |

REVIEW
□competitive
□stick
□pedestrian
□take over

## 013 take off

動 脱ぐ・離陸する

**キラーフレーズ**

**take off** one's hat
（帽子をとる）

☺011番に出てきたput on「身につける」の反対が、take offです。takeは「取る」、offは「離れて」という意味で、「服を手に取り、体から離す」→「脱ぐ」となります。
take offには飛行機が「離陸する」という意味もありますが、「飛行の動作に取りかかり（take）、地面が離れる（off）」ということです。

## 014 be supposed to ～

動 ～することになっている

**キラーフレーズ**

**The guests are supposed to arrive at 7 p.m.**
（お客様は午後 7 時にいらっしゃることになっています）

☺3つの意味（～すると思われている・～する予定である・～しないといけない）があるとよく言われますが、丸暗記は不要です。supposeは「思う」で、be supposed to ～ の直訳は「～すると思われている」です。そして「～すると思われている」とは、場合により「予定（～する予定である）」にも「義務（～しないといけない）」にも解釈できます。「TOEIC700点を取ると思われている」とは、「700点を取る予定」であり、「700点を取らないといけない」とも解釈できますね。まずは「～すると思われている」と考えてみてください。

## 015 A is followed directly by B

Aのすぐ次にBだ（A→Bの関係）

 **The presentation will be followed directly by a factory tour.**
（プレゼンテーションが終わるとすぐに工場見学をします）

☺「〜によって追いかけられる」なんて訳す必要はありません。ただの「矢印」と考えてください。たとえば、B follows A. は「BはAの後にくる」です。これをもっとわかりやすくしたのが、受動態のA is followed by B. で、これなら、左から右に読む英文の語順と同じ「A→B」の順になります。以上から、**be followed by 〜 は「矢印（→）」に置き換えたほうがわかりやすい**わけです。さらにdirectly「すぐに」が割り込んで、「Aのすぐ後にBがくる」と考えればバッチリです。

## 016 stack

[stǽk]

動 積み重ねる
名 積み重ね

 **Hats are stacked on some tables.**
（いくつかのテーブルの上に帽子が積み重なっている）

☺ Part 1 の写真問題で「物（いす・帽子・皿など）が積み重なっている」ときは必ずstackとpile（次のページに出てきます）が登場すると思っていてください。キラーフレーズのように**be stacked「積み重ねられている」**という受動態でよく使われます。

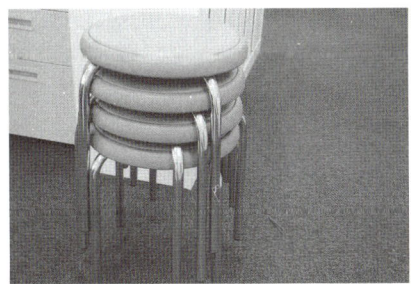

REVIEW　□ be situated　□ put on
　　　　□ be located　□ wear

Track
01
05

## 017 pile

□
□

[páil]

動 積み重ねる
名 積み重ね

キラーフレーズ

**pile dishes in the sink**
(皿を流し台に積み重ねる)

☺受動態be piled up「積み重ねられている」もよく使われます。また、pileは名詞でもよく使われ、be put into piles「積み重ねた状態に置く」→「積み重ねる」や、a pile of garbage「山積みのゴミ」のように出てきます。

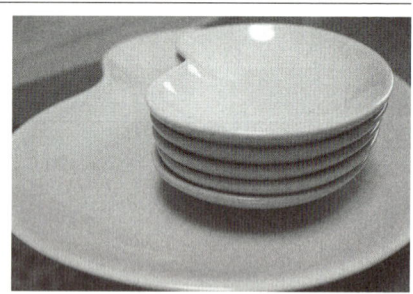

## 018 previously

□
□

[prí:viəsli]

副 以前に

キラーフレーズ

**as previously mentioned**
(以前述べられた通り)

☺「含み」を持った表現です。**「以前は〜だった」ということは「今は違う」という内容を暗示**して、そこがよく設問で狙われます。また、Part 6 でよく出る時制問題で、previouslyがヒントになることもあります。



周回CHECK!! 1 ／ 2 ／ 3 ／ 4 ／ 5 ／ 6 ／

## 019 temporarily

[tèmpərérəli]

副 一時的に

 **The highway is temporarily closed due to construction.**
（幹線道路は工事のため一時的に閉鎖されている）

☺形容詞temporaryは「一時的な・仮の」という意味です。tempo「テンポ」は「時間」のことで、そこから「一時的に」となりました。また「一時的に雇う人」という意味もありtempと省略されて使われることもあります（人材派遣会社「テンプスタッフ」はここに由来しています）。そのtemporaryが副詞になったのがtemporarilyで、TOEICでは非常によく出てきます。

## 020 provisionally

[prəvíʒənli]

副 暫定的に

 **The date for the banquet has provisionally been set for July 10.**
（祝宴の開催日は暫定的に7月10日となっています）

☺動詞provideは「供給する」、名詞provisionは「供給」です。形容詞provisionalは「一時的に供給された」→「暫定的な」となりました。provisionallyはあくまで「暫定的に」ですから、**「後で変わる可能性大」という含み表現**です。こういうことに注意しながら長文を読めるようになると、Part 7 の設問を解くときに正解率も上がりますし、何より、効率よく解けるようになりますよ。

---

REVIEW　□ take off　　□ A is followed directly by B
　　　　□ be supposed to 〜　□ stack

## 021 tentative

[téntətiv]

形 仮の

**make a tentative booking**
（仮予約を入れる）

☺tentative budgetで「仮の予算」、tentative planで「仮の計画」です。考えてみればビジネスでは「仮の」で話を進めることがよくありますね。**これも「あくまで仮の」という意味ですから、Part7の英文では「後で変更される」こともよくあります。**

## 022 effective

[iféktiv]

形 有効になる

**The train fare will increase by 10 yen effective Monday, November 1.**
（11月1日月曜付けで電車の運賃が10円上がります）

☺「有効になる」という意味で、TOEICではとても重要です。日付と共に使って「法律や規則が有効になる」→「実施される・～付けで」という意味になります。Part 7 で「いつからその規則が実施されるのか？」はよく設問で問われるので、このeffectiveが解答のキーになることがよくあります。

## 023 actually

[ǽktʃuəli]

副 実は

> **Actually**, my colleague can't come to work today and asked me to take care of his afternoon sales presentation.
> （実は、今日出勤できない同僚から、午後の販売プレゼンを引き受けてくれるよう頼まれたのです）

☺形容詞actualは「行動（act）に移せるような実際の」→「実際の」という意味です。その副詞形がactuallyで「実際は・実は」となります。意味自体は知っている人も多いでしょうが、**Actuallyで文が始まったら注意してください。このときは「何か大事なことを告白する」ことが非常に多いんです**。「予定とは違って、実際は……」なんてときにもよく使われます。リスニングでActuallyが出てきたら、そこで1問狙われると思ってください。

## 024 instead

[instéd]

副 代わりに

> Don't try to fix your laptop yourself. **Instead**, let our technicians repair it for you.
> （ご自身でパソコンを修理しようとしないでください。その代わりに、当店の専門家にお任せください）

☺「代わりに」という意味は誰でも知っているでしょうが、実際にこの「用法」を意識している人は相当の上級者でもあまりいないと思います。実は、**insteadを含む文は「大事な内容」になることが多いんです**。「当初の予定の代わりに」とか「こういうことをしないで、その代わりに」という意味で使われます。狙われるところなので、insteadを含む文をしっかり読めば、設問が1問解けることがよくあります。

REVIEW　□pile　□temporarily　□previously　□provisionally

## 025 make it

**動** うまくいく（間に合う・都合がつく）

> **make it** in time for the meeting
> （会議に間に合う）

☺「うまくいく・間に合う・都合がつく」と意味が羅列されることが多いのですが、意味の中心は「うまくいく」です。
「予定通りうまくいく」→「間に合う」、「スケジュールがうまくいく」→「都合がつく」のように、意味の根底には「うまくいく」があるので、**make it を見たらまずは「うまくいく」と考え**、場合により「間に合う」「都合がつく」という意味を考えればOKです。

## 026 enclose

[inklóuz] **動** 同封する

> **Enclosed** please find a check for $200.
> （200ドルの小切手を同封いたします）

☺キラーフレーズはもともとはPlease find ～ enclosed.「～が同封されているのを見つけてください」の形で、enclosedが先頭に出たものです。enclosedを先頭に出して、同封物があることを確実に伝えるわけです。もっとシンプルにEnclosed is ～.「～が同封されている」という形になることもあります。

## 027 attach

**動** 添付する

[ətǽtʃ]

> **Attached** is the file you requested.
> (ご要望のファイルを添付いたします)

☺touch「触れる」とは何の関係もありませんが、同じような意味なので関連づけて覚えてしまってください。the attached filesなら「添付されたファイル」です。もともとの 〜 is attached. という形が倒置されたのが、キラーフレーズのAttached is 〜. です(やはりattachedを先頭で目立たせて、添付資料を見落とされないようにしているわけです)。Attached, please find 〜. という形になることもあります。これはPlease find 〜 attached. の倒置です。

## 028 essential

**形** 重要な

[isénʃəl]

> gather **essential** information before deciding
> (決定する前に、重要な情報を集める)

☺辞書・単語帳では「本質的な」と書かれることが多いのですが、「重要な」という意味のほうがよく出ます。
Part 7でこの単語が出てきたら要注意です。**「重要だ」と言っているわけですから、その部分は当然重要な内容が書かれており、設問でも狙われやすい**からです。

---

REVIEW | □ tentative □ effective | □ actually □ instead

## 029 vital

[váitl]

形 重要な

 **play a vital role**
（重要な役割を果たす）

☺別の訳語「致命的な」が示されることが多いですが、「重要な」という意味のほうが役立ちます。同様に、別の訳で紹介されることが多いけれども、「重要な」という意味で覚えたほうが絶対に役立つ単語はほかにもあります。右の表で確認しておきましょう。

| 「重要な」の意味で覚えるとよい単語 | |
|---|---|
| essential | vital |
| crucial | significant |
| fundamental | indispensable |
| critical | priceless |
| invaluable | principal |

## 030 launch

[lɔ́:ntʃ]

動 売り出す・（事業を）開始する

 **launch a new brand of cosmetics**
（化粧品の新しいブランドを売り出す）

☺もともと「ロケットを打ち上げる」という意味です。それがビジネスに転じ、ある会社が新規事業を始めることを「別の業界にロケットを打ち込む」とたとえ、「売り出す・開始する」となったわけです。

TOEIC超重要単語 〜「訳語」を覚えるだけではもったいない超重要語句〜

周回CHECK!!  1 /  2 /  3 /  4 /  5 /  6 /

# Unit 02

# 出題確実の鉄板単語

スコア直結の
「レギュラー」表現

---

TOEICでは、たとえ何点を目指すにしても、知っておかないといけない重要語句があります。単によく出るという観点ではなく、「長文や設問でキーとなる」観点から、スコアに直結する語句ばかりを集めました。

## 031 statement

[stéitmənt]

**名** 声明・明細書

> **キラーフレーズ**
> a monthly bank statement
> （毎月の銀行取引明細書）

☺ **state**は多義語で「**状態・述べる**」という意味があります。statementは「状態を述べるもの」→「声明」、「お金の使い道を細かく述べるもの」→「明細書」となりました。

## 032 inventory

[ínvəntɔ̀ːri]

**名** 在庫品・在庫目録

> **キラーフレーズ**
> make room for new inventory
> （新しく入荷する商品を置くスペースを作る）

☺ invent「発明する」と語源が同じです。inventはもともと「偶然見つける・発見する」という意味でした。inventoryは「（倉庫で）偶然見つけたもの」→「在庫品」と考えてください。inventoryはTOEICでも超頻出ですが、実際にビジネスで英語を使うときにも本当によく目にする単語です。また、キラーフレーズに出てくるroomは「空間」という意味でよく使われます。

周回CHECK!!  1 /  2 /  3 /  4 /  5 /  6 /

## 033 subscription

[səbskrípʃən]

名 定期購読

**キラーフレーズ**
**subscription fee**
（購読料）

☺ 動詞subscribeは「用紙の下(sub)に名前を書く(scribe)」→「署名する・定期購読する」です。scribeは「書く」で、「(原稿など)書かれたもの」を「スクリプト(script)」といいます。「**署名する**」→「**定期購読の申し込み用紙に署名する**」→「**定期購読する**」となりました。そのsubscribeの名詞形がsubscriptionです。

## 034 supplies

[səpláiz]

名 備品

▶ supplier 名 供給業者

**キラーフレーズ**
**office supplies**
（事務用品）

☺ 備品はいろいろあるので複数形(supplies)で使われます。office supplies「事務用品」をしっかり頭に入れておかないと、リスニングでsurprise「驚かす」と勘違いしてしまいます。

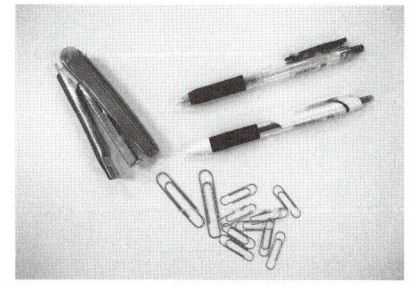

REVIEW
- ☐ make it
- ☐ enclose
- ☐ attach
- ☐ essential
- ☐ vital
- ☐ launch

## 035 exclusively

副 〜だけ

[iksklú:sivli]

▶ exclusive 形 独占的な

**キラーフレーズ**

The car is **exclusively** for his use.
(その車は彼専用です)

☺ 動詞excludeは「外(ex)に締め出す(clude=close)」→「除外する」、形容詞exclusiveは「外に締め出すような」→「排他的な」です。副詞exclusivelyは、よく「排他的に・もっぱら」と訳されますが、**exclusively = only**と考えたほうがわかりやすいです。exclusively for 〜「〜のためだけに」です。

## 036 refund

名 払戻金
動 払い戻す

[名 rí:fʌnd；動 rifʌ́nd]

**キラーフレーズ**

receive a **refund**
(払戻金を受け取る)

☺ 「再び(re)お金を払う(fund)」→「払い戻す・払戻金」となりました。TOEICでは、野球の試合やコンサートが中止になったときの「払戻金は受付で」といった内容で出てきます。

## 037 relocate

[rìːlóukeit]

動 移転させる

**キラーフレーズ** **relocate** an office
（オフィスを移転する）

☺ locateは本来「置く」という意味でしたね（010番）。「再び（re）別の場所に置く（locate）」→「移転させる」になりました。お店・オフィスの移転の話でよく使われます。

## 038 exhibition

[èksəbíʃən]

名 展示（展示品・展示会）

**キラーフレーズ** an **exhibition** of an artist's works
（画家の作品の展示会）

☺ フィギュアスケートやサッカーで、公式戦ではなく「観客に見せる（展示する）ための試合」を「エキシビションマッチ」と言います。TOEICでよく使われますが、実際の海外旅行でも、博物館や美術館に行けば必ず目にする単語です。

REVIEW ☐ statement ☐ subscription
☐ inventory ☐ supplies

## 039 plumbing
[plʌ́miŋ]

**名** 配管（配管業・配管工事・配管設備）

**キラーフレーズ**
**get the plumbing checked out**
（配管を検査する）

☺TOEICでは配管関係の単語は大活躍で、とにかくよく出ます。**発音は「プラミング」ですので注意**を。ちなみに、あのゲームの「マリオ」の職業はplumber「配管工」という設定なんです。発音は「プラマー」で、これもTOEICではよく出てきます。

## 040 be scheduled to ～
**動** ～する予定である

**キラーフレーズ**
**Mr. Kishimoto is scheduled to arrive tomorrow.**
（Kishimotoさんは明日到着する予定です）

☺scheduleは、イギリス発音では「シェジュール」と発音され、TOEICでは頻繁に出てきます。ただ、聞き取りは簡単なので、一度知っておけば困ることはありません。
名詞の「スケジュール」はもはや日本語として使われているので問題ないでしょうが、この動詞の用法に注意してください。

出題確実の鉄板単語 ～スコア直結の「レギュラー」表現～

周回CHECK!!  1 /  2 /  3 /  4 /  5 /  6 /

## 041 facility

[fəsíləti]

**名** 施設・設備

キラーフレーズ
**recreation facilities**
（娯楽施設）

☺ 本来は「容易さ」という意味です（difficultyの対義語）。「容易にする力」→「能力」という意味が生まれ、さらに「**容易にするための場所**」→「**施設**」となりました。施設・設備にはさまざまなものがあることから、普通はfacili<u>ties</u>と複数形で使うことが多いです。

## 042 farewell party

**名** 送別会

キラーフレーズ
**a farewell party for a retiring employee**
（退職する社員のための送別会）

☺ もともとfarewellは「さようなら、ごきげんよう」という別れのあいさつです。外資系の企業は転勤が多く、しかも転勤先が海外ということもザラなので、farewell partyが頻繁に行われます。リスニングでも「退職パーティー」の話は異常によく出ます。

REVIEW
☐ exclusively　　☐ relocate
☐ refund　　　　☐ exhibition

## 043 outgoing
[áutgòuiŋ]

形 去っていく

**キラーフレーズ**
We are having a farewell party for two **outgoing** employees.
(退職する2人の社員のために送別会を開く予定です)

☺ 042番のfarewell partyの話でよく出てくる単語がoutgoingで、「会社の外に（out）出ていく（going）」→「去っていく・退職する」という意味になります。リスニングでよく出るため、知らないと一瞬パニックになるかもしれませんので、しっかりと覚えておきましょう。

## 044 expiration
[èkspəréiʃən]

名 終了・満期

**キラーフレーズ**
**expiration** date
(有効期限・賞味期限)

☺ inspire「インスピレーションを与える」は、「人の中に息を吹き込む」という意味です。-spireは「息を吐く」という意味です。動詞expire「期限が切れる」は、「外に（ex）息を吐く」→「息を吐き尽くす」→「息を引き取る・終了する」で、その名詞形がexpiration「終了・満期」です。

周回CHECK!!  1 /  2 /  3 /  4 /  5 /  6 /

## 045 lapse
[lǽps]

**動 失効する**

**キラーフレーズ**
**Don't let your subscription to TTM weekly lapse!**
(TTM weeklyの定期購読、このチャンスをお見逃しなく!)

☺ lapseには「過失・下落する・消滅する」などマイナスの意味がたくさんありますが、よく出るのは「**雑誌の購読期間が消滅する**」→「**失効する**」です。キラーフレーズは"let 名詞 原形"「名詞 に 原形 させる」で、直訳は「TTM Weeklyの定期購読を失効させないで」です。

## 046 yearly
[jíərli]

**形 毎年の**

**キラーフレーズ**
**on a yearly basis**
(1年ごとに)

☺ -lyで終わる単語は「副詞」になるのが普通ですが、一部「形容詞にもなれる」単語もあります。大事な考え方は、「**形容詞＋-ly＝副詞**」、「**名詞＋-ly＝形容詞**」です。on ～ basisで「～というベースで」で、on a daily basisなら「毎日(日ごとに)」です。

---

REVIEW
- plumbing
- be scheduled to ～
- facility
- farewell party

## 047 timely
[táimli]

**形** タイミングのよい

**キラーフレーズ**
arrive in a timely manner
（時間に間に合って到着する）

☺ 37ページでも述べたように、「名詞＋-ly＝形容詞」で、形容詞の用法がメインです（副詞もありますが、気にしなくて大丈夫です）。Part 5の品詞問題でよく狙われます。timelyの訳は「タイミングのよい」ですが、実際には「（ちょうど時間に）間に合うような」というニュアンスでよく使われます。

## 048 mayor
[méiər]

**名** 市長

**キラーフレーズ**
The mayor will run for re-election in the fall.
（市長は秋の再選挙に立候補するつもりだ）

☺ 実はmajor「メジャーな」と関連があります。「人目によくつくメジャーな立場」→「市長」と考えてください。
よくニューヨーク市長がニュースに出ていますが、市長というのは権力があるので、TOEICでもいろんな場面で活躍します。特にPart 7で、公園の建設のような話のときに、市長と話をする内容がよく出ます。

## 049 souvenir

[sùːvəníər]

**名** おみやげ・記念品

**キラーフレーズ**
a **souvenir** from a trip to Paris
(パリへ旅したときのおみやげ)

☺ つづりと発音が難しいですが、よく出てくる単語です。Part 4の「ツアー」の話では、「最後にsouvenirを買うといい」という展開になります。「(人にあげる)おみやげ」だけではなく、「(自分のための)記念品」という意味で使うことも多いです。

## 050 state-of-the-art

[stèitəvðiáːrt]

**形** 最新式の

**キラーフレーズ**
a **state-of-the-art** manufacturing plant
(最新式の製造工場)

☺ 「芸術(art)の域・状態(state)に達した」→「最新式の」という意味です。広告や工場の設備によく使われる単語です。ちなみに、キラーフレーズのmanufacturing plantは「製造工場」のことです。

---

**REVIEW**　□ outgoing　□ lapse
　　　　　□ expiration　□ yearly

## 051 be dedicated to 〜

動 〜に専念する

**キラーフレーズ**
**be dedicated to** offering excellent customer service
（素晴らしい顧客サービスを提供することに専念する）

☺ もともとはdedicate A to B「AをBに捧げる」で、dedicate oneself to Bなら「自分をBに捧げる」です。受動態be dedicated to 〜 は「〜に自分を捧げられた」→「〜を献身的に行う・専念する」です。このtoは「前置詞（「自分を捧げる方向」を表す）」で、**toの後は-ingになる**ことも重要です。

## 052 be committed to 〜

動 〜に専念する

**キラーフレーズ**
**be committed to** providing excellent customer service
（素晴らしい顧客サービスを提供することに専念する）

☺ **commitは「委ねる」**という意味で、committee「委員会」は「委ねられた人」という意味です(-eeは「〜される人」)。commit oneself to 〜 で「〜に自分自身を委ねる」→「〜に自分を捧げる・専念する」で、受動態でよく使われます。やはりtoは前置詞です。

## 053 bill
[bíl]

名 請求書
動 請求書を送る

**キラーフレーズ**
**receive a bill for repairs**
（修理の請求書を受け取る）

☺ 本来「紙切れ」という意味で、そこから「ビラ（チラシ）」の意味も生まれました。「お金を払ってくれという紙切れ」→「請求書」です。たまにですが動詞としても使われ、bill a customer for services provided「提供したサービスの請求書をお客に送る」となります。

## 054 alternative
[ɔːltə́ːrnətiv]

形 代わりの

▶ alternatively 副 代わりに、あるいは

**キラーフレーズ**
**take an alternative route to avoid road construction**
（道路工事を避けるために迂回路を使う）

☺ 辞書・単語帳には「どちらか1つを選ぶべきの」と書いてありますが、「**代わりの**」**という意味のほうが圧倒的にわかりやすい**と思います。alternative route「代わりの道」→「迂回路」はTOEICで必ず出る単語です。

REVIEW
□ timely
□ mayor
□ souvenir
□ state-of-the-art

## 055 alternate route
**名** 迂回路

> There is heavy congestion on Highway 75, so drivers are recommended to take an **alternate route**.
> (75号線はひどい渋滞となっているため、ドライバーは迂回路を使うのがおすすめです)

☺ alternateは、本当は「1つおきの」という意味なのですが、054番のalternativeとの混同からか、**alternative route = alternate route**として使われます。

## 056 detour
[díːtuər] **名** 迂回路

> Parts of Highway 94 are closed due to construction. Drivers are asked to follow the **detour** signs.
> (94号線は工事のため閉鎖されています。ドライバーは迂回路の標識に従うようにお願いいたします)

☺ Part 4ですごく難しいのが、ラジオの「交通情報」です。ラジオはアップテンポで速いうえに、単語が難しいからです。だからこそ、ラジオの話でよく使われる語句は、しっかりとチェックしておかないといけません。
**detour**は「**離れて（de）動く（tour：ツアー）**」→「**迂回路**」という意味になりました。

周回CHECK!!  1 /  2 /  3 /  4 /  5 /  6 /

## 057 reschedule

[rìskédʒu:l]

**動** 予定を変更する

### キラーフレーズ: **reschedule** an appointment
（予約を変更する）

☺ re+scheduleで「再び(re)スケジュールを組む(schedule)」です。日本語でも、スケジュール変更を「リスケする」と言うことも増えてきました。TOEICでは「スケジュール変更」は鉄板ネタ(セミナーの予定変更や病院の予約変更)で、リスニング・リーディングを問わずよく出てくる単語です。

## 058 résumé

[rézəmèi]

**名** 履歴書

### キラーフレーズ: a copy of one's **résumé**
（1通の履歴書）

☺ resumeはもともと「要約」という意味で、大学の授業で配られるプリントを「レジュメ」と言うことがあります。もとはフランス語なので発音が難しいです。これは授業の内容を「要約した紙」という意味で、そこから「人のキャリアを要約した紙」→「履歴書」となりました。
また、この単語はもともとフランス語からきたもので、そのためrésuméと書かれることがほとんどです。

---

**REVIEW**
- □ be dedicated to 〜
- □ be committed to 〜
- □ bill
- □ alternative

## 059 degree 名 学位
[digríː]

**have a degree in chemistry**
(化学の学位を持っている)

☺ degreeのgreeは、本来grade「段階」という意味です。「車のグレードが高い」などと言いますね。「段階を経て得たもの」→「学位」となります。degreeは「(温度や経度の)度」という意味が有名ですが、これも「一度ずつ段階的に上がり下がりする」ということなんです。
master's degreeで「修士号」、advanced degreeで「(学士号より上の)上級学位(修士号、博士号などを指す)」となります。ちなみにadvanceは「昇進する」という意味です。

## 060 department 名 部
[dipáːrtmənt]

**human resources department**
(人事部)

☺ 「デパート(department store)」とは、「各部門に分かれて販売する店が集まった大型店」という意味です。departmentは「各part」→「各部門・部」といったイメージです。

## 061 register for 〜

**動** 〜に登録する

▶ registration **名** 登録

**キラーフレーズ**
**register for** a conference
(会議に登録する)

☺「レジ」と聞くと、スーパーの「レジ打ち機」が浮かぶかもしれませんが、そのレジも、もともとは「売上を記録・登録する機械」ということです。セミナーの登録などの話で必ず出る単語です。最近はonline registration「オンライン登録」が主流ですので、こちらもチェックを。

## 062 complimentary **形** 無料の

[kà:mpləméntəri]

**キラーフレーズ**
**complimentary** drinks in the airport lounge
(空港ラウンジの無料の飲み物)

☺ 名詞complimentは「ほめ言葉」という意味で、その形容詞complimentaryは「ほめ言葉の・相手を持ち上げるような」→「無料の」となりました。日本語の「無料サービス」を英語で言う場合は、このcomplimentaryが使われます。

**REVIEW**
☐ alternate route ☐ reschedule
☐ detour ☐ résumé

## 063 headquarters 名 本社
[hédkwɔ̀ːrtərz]

**キラーフレーズ**
**Many companies have their headquarters in Tokyo.**
（多くの会社は東京に本社があります）

☺「頭・中心（head）になる場所（quarters）」という意味です。headから「本社」を連想できれば十分ですが、quarterは「4分の1」→「4つの方角（東西南北）の1つ」→「ある方面・地区」という意味で、headquartersが「中心となる地区」=「本社」になりました。

## 064 notice 名 通知
[nóutəs]

**キラーフレーズ**
**on short notice**
（直前の通知で）

☺動詞で「気がつく・注意する」という意味もありますが、**名詞の「注意・通知」という意味がTOEICでは超重要です。** on short noticeは「告知期間が短い通知で」→「直前の通知で」という意味で、Part 4などのミーティングの場面でよく出てきます。

## 065 review
[rivjú:]

▶ reviewers 名 書評者

名 批評・検討
動 批評する・検討する

**キラーフレーズ**
book review
（書評）

☺「何度も(re)見る(view)」→「批評(する)・検討(する)」です。Part 7で「書評」がよく出ます（ちなみに書評では、どんなにほめても何か1つ毒を吐くのがTOEICの特徴）。「検討する」は、review an applicant's résumé「応募者の履歴書を検討する」のように使います。

## 066 across from each other
副 向かい合わせに

**キラーフレーズ**
They are seated across from each other at the table.
（彼らはテーブルで向かい合わせに座っている）

☺直訳は「お互いから横切ったところに」です。リスニングで出るので、一瞬で理解できないといけません。キラーフレーズのseatは「座らせる」で、be seated「座らせられている」→「座っている」となります。

REVIEW
□ degree
□ department
□ register for 〜
□ complimentary

## 067 fee

[fíː]

**名** 手数料

**キラーフレーズ**
additional fee
（追加料金）

☺ 本来「専門職・公共団体への支払い」という意味で、「報酬・授業料・公共料金・手数料」と訳されることが多く、どれも重要ですが、**TOEICで一番出るのは「手数料」という意味です。**late feeなら「延滞料」です。

## 068 regarding

[rigáːrdiŋ]

**前** 〜に関して

**キラーフレーズ**
I am calling regarding your ad in the paper.
（新聞広告の件で電話をしております）

☺ regardingはaboutと同じ意味です。TOEICではメールのタイトルに"Re"と書かれていることが多く、「いきなり返信？？」と誤解しちゃいますが、実はこのRegardingの略で、「〜に関して」ということなんです。メールのタイトルで、そのメールの内容が一発でわかってしまうこともよくありますので、必ずタイトルを最初にチェックするようにしてください。

## 069 CEO

[síːìːóu]

**名** 最高経営責任者

**A new CEO will be appointed next month.**
(新しい最高経営責任者は来月任命されます)

☺ chief executive officerの略です。chiefは「長・最高の」、executiveは「エグゼクティブ(重役)」が有名ですが、ここでは「実行する上での」という形容詞、officerには「役員」という意味があり、まとめて「最高経営責任者」です。Part 7では「CEOが何をしたか?」がよく問われます。

## 070 board member

**名** 会社役員

**The board members are meeting to select the next CEO.**
(取締役会のメンバーは、次の最高経営責任者を選ぶために会議をしています)

☺ board「板・黒板」→「黒板がある会議室に集まる人たち」→「会社役員」となりました。

REVIEW
□ headquarters   □ review
□ notice         □ across from each other

## 071 no more than 〜
〜以下の

**キラーフレーズ**
This taxi can accommodate **no more than** 4 passengers.
（このタクシーは4名まで乗客を乗せることができます）

☺「〜より(than)多くなる(more)ことはない(no)」→「多くても〜・〜以下の」となります。no more than 〜 = up to 〜 です。ちなみに、no more than 〜 は本来「たったの〜」という意味なんですが、TOEICではこの「〜以下の」のほうの意味が使われます。

## 072 no later than 〜
（遅くとも）〜までに

**キラーフレーズ**
We will finish **no later than** 6 p.m.
（遅くとも午後6時までに終わります）

☺「〜より(than)遅くなる(later)ことはない(no)」→「遅くとも〜までに」となりました。ビジネスやコンテストなどで、提出物の期日を示すときによく使われます。

周回CHECK!!  1 ／  2 ／  3 ／  4 ／  5 ／  6 ／

Unit
03

# Part1 超頻出「まとめ単語」

意外と難しい
「総称的にまとめた単語」

---

Part 1 では、「総称的にまとめた単語」がよく使われます。ギターの写真があれば、guitar ではなくinstrumentと言います。これらの「まとめ単語」は「ヘビーローテーション」され、毎回必ず出てきます。

## 073 instrument 名 楽器
[ínstrəmənt]

**キラーフレーズ**
He's playing an **instrument**.
(彼は楽器を演奏しています)

☺ 楽器を弾いている写真では、個々の楽器(guitar・piano・fluteなど)ではなく、instrumentがよく使われます。ボーカルなしの楽器演奏だけの曲を「インストゥルメンタル(instrumental「楽器の」)と言うのを聞いたことがある人もいるでしょう。

## 074 vehicle 名 乗り物
[ví:əkl]

**キラーフレーズ**
**Vehicles** are parked along a street.
(車が道路沿いに駐車されています)

☺ キャンピングカーなどの車を「RV車」と言いますが、recreational vehicleの略です(recreationalは「娯楽の」という意味で、小学校のときの「レク」のことです)。上級者向けの話になりますが、たまにvehicleが自動車だけでなく、バイク・自転車を指すこともあります。

## 075 produce 名 農作物
[próud(j)u:s]

**キラーフレーズ**
A man is selling **produce** in a market.
(男性は市場で農作物を売っています)

☺ 動詞「生産する」(アクセントは「プロ**デュ**ース」)は有名ですが、名詞「農作物」(アクセントは「**プロ**ゥデュース」)もTOEICでは重要です。フルーツや野菜の写真で使われます。ちなみに、「○○プロデュース」という名前の八百屋さんを都心で見かけたことがあります。

**周回CHECK!!** | 1 / | 2 / | 3 / | 4 / | 5 / | 6 / |

## 076 merchandise 名 商品

[mə́:rtʃəndàis, もしくは -dàiz]

**Store shelves are lined with merchandise.**
(商品棚に商品が陳列されています)

☺ merch-はフランス語で「市場」という意味があり(発音は「マルシェ」で、日本でもおしゃれな場所での青空市場が「マルシェ」と名づけられたりします)、merchant「市場の人」→「商人」、merchandise「(商人が扱う)商品」となりました。

## 077 machine 名 機械

[məʃíːn]

**A worker is operating a machine.**
(作業員は機械を操作しています)

☺ キラーフレーズの文が、Part 1 の工場で機械を操作している写真と一緒によく使われます。ちなみに、**machinery**という単語もまったく同じ意味で使われますので、こちらもチェックを。

## 078 equipment 名 装置・機器

[ikwípmənt]

**Equipment has been loaded onto a truck.**
(装置はトラックに積まれています)

☺ equip A with B「AにBを備えつける」の名詞形がequipmentで、「**会社・工場に備えつけられたもの**」→「**装置・機器**」という意味です。装置の大小は関係なく、laboratory equipment「実験器具」のような、手で持てる物にも使えます。

REVIEW: □ fee  □ regarding  □ CEO  □ board member  □ no more than ～  □ no later than ～

## 079 device

[diváis]

**名** 機械

**キラーフレーズ** An operating room is filled with medical **devices**.
（オペ室には医療機器がたくさんあります）

😊 最近は、パソコン・スマホ関係の機器を「デバイス」と言いますね。本来は「機械」という意味なんです。

## 080 document

[**名** dá:kjəmənt ; **動** dá:kjəmènt]

**名** 資料
**動** 文書に記録する

**キラーフレーズ** **Documents** have been stacked on a desk.
（資料は机の上に積み重なっています）

😊 パソコンで「ドキュメント」といえば、「資料」を指しますね。また、Part 1 では名詞「文書」が出ますが、ほかのPartでは、動詞「文書に記録する」も大事です。document all business expensesで「すべての経費を記録する」という意味になります。

## 081 clothing

[klóuðiŋ]

**名** 衣類

**キラーフレーズ** A woman is trying on an item of **clothing**.
（女性は衣類を1点試着しています）

😊 厳密な意味は「いろいろな衣類全般」という不可算名詞です。キラーフレーズのように、an item of clothing「衣類1点」という表現でもよく使われます。

---

Part 1 超頻出「まとめ単語」〜意外と難しい「総称的にまとめた単語」〜

周回CHECK!!　1 /　2 /　3 /　4 /　5 /　6 /

Unit
04

# TOEIC
# 特有単語

「意外な意味」で
狙われる語句

---

water「水」やlibrary「図書館」を知らない人はいません。でもTOEICでは、それぞれ「水辺（海や川など）」「蔵書」の意味でよく出ます。意外な意味で狙われる語句を、ここでマスターしてしまいましょう！

## 082 electronic
[ilèktrá:nik]

形 インターネットでの・メールでの
▶ electronically 副 インターネットで

**キラーフレーズ** send an **electronic** message
（メールを送る）

☺ electronicと聞くと「電気」を思い浮かべてしまうかもしれませんが、「コンピューター上の」→「インターネットを使った」という意味で、TOEICではよく使われます。副詞electronicallyも重要で、submit an application electronicallyで「願書をインターネットを使って提出する」です。

## 083 ship
[ʃíp]

動 発送する

**キラーフレーズ** **ship** within two business days
（2営業日以内に発送する）

☺ 本来「船」の意味ですが、**この単語は陸路・空路でも使えます。** TOEICではトラブルのシーンも多く「これが届いていない」というクレームに対し、Let me check on the progress of your shipment.「発送状況を確認いたします」という言い方もよく出ます。

## 084 water
[wá:tər]

名 水辺（海・川・湖）
動 水をやる

**キラーフレーズ** **water** plants
（植物に水をやる）

☺ Part 1の水辺の写真で出てきます。ざっくりと「水辺・水域」、具体的には「海・川・湖」という意味です。さらに、花に水をあげている写真では、動詞water「水をやる」が使われます。

## 085 install

[instɔ́:l]

**動** 取りつける・インストールする

▶ installation **名** 設置

**キラーフレーズ** **install** a new stove
（新しいコンロを取りつける）

😊 どうしてもパソコンのほうが浮かんでしまいますが、本来は「取りつける」という意味で、「パソコンの中にソフトを取りつける」→「インストールする」となりました。キラーフレーズのように、**本来の意味「取りつける」**も、TOEICではよく出てきます。

## 086 structure

[strʌ́ktʃər]

**名** 建物

**キラーフレーズ** a steel **structure**
（鉄筋でできた建物）

😊「構成・構造」という意味が有名ですが、TOEICでは「建物の構造」→**「建物（そのもの）」**を指す意味でよく出てきます。

## 087 wing

[wíŋ]

**名** 棟

**キラーフレーズ** The new **wing** will be finished in March.
（新館は3月に完成予定です）

😊 博物館などの建物の「横に張り出した部分」が翼のようなので、これをwingと言います。**new wing「新館」**は本当によく出てきます。

---

**REVIEW**
- □ instrument
- □ vehicle
- □ produce
- □ merchandise
- □ machine
- □ equipment
- □ device
- □ document
- □ clothing

## 088 minutes
[mínits]
名 議事録

**キラーフレーズ:** take minutes at a meeting
（会議で議事録を取る）

☺「分」という意味は誰でも知っていますね。「分」→「分単位で時間を正確に測る・書き取る」→「議事録に書きとめる・議事録」という意味になりました。「いろいろ書き込む」ので必ず複数形minutesになります。

## 089 You've reached ～
こちらは～です

**キラーフレーズ:** You've reached the office of Dan O'Connor.
（こちらはDan O'Connorの事務所です）

☺ reachには「電話で相手に届く」という意味があり、留守電の応答メッセージで使われ、Part 4の出だしでよく出ます。もう1つ重要な使い方に、次のような例があります。I can be reached by phone at 555-0515.「私への連絡は555-0515までお願いします」

## 090 post
[póust]
動 貼る・掲示する

**キラーフレーズ:** post a notice on a bulletin board
（掲示板に通知を貼る）

☺ もともと「柱」という意味です。サッカーの「ゴールポスト」でおなじみですね。「柱」→「ビラなどを柱に貼る」→「掲示する」となりました。「ポスター(poster)」はここからきています。

**周回CHECK!!** | 1 / | 2 / | 3 / | 4 / | 5 / | 6 / |

## 091 market
[máːrkət]

**動** 市場に出す・売る

> **market** video games to children
> （子どもをターゲットにテレビゲームを売り出す）

☺名詞で「市場（いちば・しじょう）」は問題ないでしょうが、動詞もよく使われるので注意してください。「マーケットに出す」→「市場に出す・売る」になります。

## 092 highlight
[háiláit]

**名** もっとも重要な部分

> **highlights** from the speech
> （スピーチのもっとも重要な部分）

☺スポーツニュースなどで「今日のハイライト」とよく使われていますね。「強く（high）ライト（light）を当てた部分」という意味です。

## 093 table
[téibl]

**名** 表

> This **table** shows the shipping cost based on package weight and destination.
> （この表は、荷物の重さと送り先による送料を示します）

☺tableには「表」という意味があります。「タイムテーブル」は日本語にもなっていますね。

---

**REVIEW**　□ electronic　□ water　□ structure
　　　　　□ ship　　　　□ install　□ wing

## 094 carry

[kǽri]

**動** (商品を)置いている

**キラーフレーズ** I'm sorry, but we don't carry aspirin.
(申し訳ありませんが、アスピリンは置いてありません)

😊「運ぶ」→「手に持っている」→「店が持っている・置いている」という意味に発展しました。キラーフレーズは海外旅行のときに、薬局で耳にしそうな表現です。

## 095 body

[bá:di]

**名** 団体

**キラーフレーズ** governmental body
(政府団体)

😊 bodyは本来「カタマリ」という意味で、「人がカタマリになってたくさんいる」→「団体」となりました。さらに、Part 1 では水辺の写真で、body of water「水域」もよく出ます。「水のカタマリ」というイメージです。

## 096 memo

[mémou]

**名** 社内文書

**キラーフレーズ** Did you see the memo about the company picnic?
(会社の親睦会についての社内文書を見ましたか?)

😊 memorandumの短縮形で、Part 5・6・7のいずれでも目にする重要単語です。TOEICでは、memoという単語を見たら、「走り書きのメモ」よりも、**まずは「社内文書」を先に思い浮かべる**ようにしたほうが、長文の内容を理解しやすくなります。

周回CHECK!! | 1 / | 2 / | 3 / | 4 / | 5 / | 6 / |

## 097 report to ～

**動** ～に報告する・～に直属する

**キラーフレーズ** He **reports to** Mr. Cunningham, who is in charge of R&D.
（彼は、研究開発を担当しているCunninghamさんに直属しています）

☺「～に報告する」→「報告の相手は上司」→「（上司）に直属する」となりました。ビジネスでは多用される重要表現です。report directly to ～ となることもよくあります。

## 098 business

**名** 会社

[bíznəs]

**キラーフレーズ** a large **business**
（大企業）

☺「仕事・事業」という意味は常識ですが、**「会社」という意味でも異常に使われます**。local businessesなら「（いくつもの）地元企業」という意味です。

## 099 material

**名** 材料・生地

[mətíəriəl]

**キラーフレーズ** The **material** in this blouse was made in Bangladesh.
（このブラウスの生地はバングラデシュで作られたものです）

☺「物質」と訳されることも多いのですが、TOEICでは「物を作り上げている物質」→「材料・生地」で使われることが多いです。

---

REVIEW
- □ minutes
- □ You've reached ～
- □ post
- □ market
- □ highlight
- □ table

## 100 coordinate
[kouɔ́:rdənèit]

**動 調整する**

▶ coordinator 名 まとめ役

**キラーフレーズ**
**Let's coordinate our schedules.**
(お互いのスケジュールを調整しましょう)

☺「一緒に(co)整理した状態(ordinate=order)にする」→「調整する」となりました。「洋服のコーディネート」とは、本来は「デザインを調整する」ということなんです。

## 101 last-minute
[lǽstmínət]

**形 土壇場の**

**キラーフレーズ**
**last-minute change**
(直前の変更)

☺ 文字通り「最後の1分で」→「土壇場の・直前の」という意味です。TOEICでは、ミーティングや旅行の予定などで、last-minute change「直前の変更」がよく起きます。

## 102 introduce
[ìntrəd(j)ú:s]

**動 導入する**

**キラーフレーズ**
**introduce new accounting software**
(新しい会計ソフトを導入する)

☺「紹介する」という意味は誰でも知っていると思いますが、**「物を紹介する」**→**「導入する」**という意味でもよく使われます。

TOEIC特有単語 ～「意外な意味」で狙われる語句～

周回CHECK!! | 1 / | 2 / | 3 / | 4 / | 5 / | 6 / |

## 103 square

[skwéər]

**名 広場**

**キラーフレーズ** town square
（町の広場）

☺ もともと「正方形」という意味で、そこから「四方を建物に囲まれている四角形の広場」となります。ヨーロッパなどでよく見る光景です。

## 104 establishment

[istǽblɪʃmənt]

**名 施設**

**キラーフレーズ** an eating establishment
（飲食店）

☺ 動詞establish「設立する」は知っている人も多いでしょう。名詞establishmentは「設立」、さらに「設立されたもの（建物・施設）」という意味でTOEICでは使われます。

## 105 receipt

[rɪsíːt]

**名 領収書・受け取ること**

**キラーフレーズ** receipt of the shipment
（発送した商品の受け取り）

☺「レシート」という意味は問題ないでしょう。注意したいのは、**動詞receive「受け取る」の名詞形「受け取ること」という意味です。**

---

REVIEW
- carry
- body
- memo
- report to 〜
- business
- material

## 106 logical

[lάːdʒikl]

**形** 論理的な・筋が通った

**キラーフレーズ**
**logical** choice
（正しい選択・ふさわしい人）

☺「論理的な」→「筋が通った」という意味で使われます。キラーフレーズのlogical choiceのような難しい表現にも慣れておいてください。「筋が通った選択」→「ふさわしい人選」などで使われます。

## 107 industry

[índəstri]

**名** 産業・業界

**キラーフレーズ**
**industry** experts
（業界通）

☺ ほとんどの人が「産業」という意味で覚えていますが、TOEICでは「業界」という意味のほうがよく使われます。

## 108 plant

[plǽnt]

**動** 植える
**名** 工場

**キラーフレーズ**
**plant** trees
（木を植える）

☺「植物」の意味が有名で、もちろんそれも出ます。potted plantは「鉢植えの植物」です。注意が必要なのは動詞「（植物を）植える」です。また、「植える」→「育てる」→「作る（場所）」から「工場」という意味もあります。

## 109 column

[kÁ:ləm]

**名** 柱・(新聞・雑誌の)コラム

**キラーフレーズ**
**columns** at the front of a building
(建物の前にある柱)

☺新聞・雑誌のコラムが最初に浮かびますが、**本来は「柱」という意味です。**新聞の中で「柱のように細長い部分に書かれた記事」を「コラム」というようになりました。Part 1では本来の「柱」で出ます。

## 110 turn around

**動** 振り向く・上向きにする

**キラーフレーズ**
We hope the new CEO will **turn** the company **around**.
(われわれは新任のCEOが会社の運営状況をよくしてくれることを期待しています)

☺文字通り「振り向く」という意味もあり、turn around to see who is behind you は「後ろに誰がいるか確認するために振り向く」です。TOEICでは「**(下降している会社の業績を上に)振り向かせる**」→「**上向きにする(良くする)**」という意味が出てきます。

## 111 work

[wə́:rk]

**動** 機能する・作用する

**キラーフレーズ**
The vending machine doesn't **work**.
(自動販売機が故障している)

☺workはもともと「がんばる」という意味で、そこから「仕事する・勉強する」となりました。機械ががんばれば「機能する」、薬ががんばれば「作用する」となります。The medicine worked. で「その薬が効いた」となります。

---

**REVIEW**
☐ coordinate  ☐ introduce  ☐ establishment
☐ last-minute  ☐ square  ☐ receipt

## 112 interview
[íntərvjùː]
- 名 面接
- 動 面接する

**キラーフレーズ:** interview candidates for a job opening
（求人の応募者の面接をする）

☺ 日本語の感覚だと、どうしても「記者によるインタビュー」が浮かんでしまいます。確かにその意味もありますが、**比べ物にならないほどよく出るのが「面接（する）」という意味**です。「求人」の話で必ず出てくる単語です。

## 113 paper
[péipər]
- 名 論文

**キラーフレーズ:** submit a paper before the deadline
（締め切りより前に論文を提出する）

☺「紙」→「新聞紙」→「レポート」→「論文」と意味が拡大しました。ちなみに、日本の大学院生が「論文」のことを「ペーパー」と言っているのを聞いたことがあります（なんかキザですよね）。

## 114 ticket
[tíkət]
- 名 交通違反切符
- 動 違反切符を切る

**キラーフレーズ:** get a ticket for going through a red light
（信号無視で違反切符を切られる）

☺「交通違反切符」とは、「罰金支払書・呼び出し状」のことです。日本語で「切符を切られる」と言ったりしますが、英語でも単にticketだけで「違反切符」を意味します。動詞の例としては、be ticketed for speeding「スピードの出しすぎで違反切符を切られる」があります。

## 115 enjoy

[indʒɔ́i]

動 享受する

**キラーフレーズ** **enjoy** more sales
（売上が伸びる）

☺「享受する」という意味は、TOEICでも大学受験でもよく出るのに、かなりの上級者しか知りません。「楽しむ」というテンションが高い感じではなく、**ややテンション抑えめで「細く長く楽しむ」→「(利益を)享受する」という意味です。**

## 116 discuss

[diskʌ́s]

動 話す

**キラーフレーズ** **discuss** any concerns
（気になる点について相談する）

☺「議論する」の意味を知らない人はいないでしょうし、×)discuss about 〜 のような形にならないのも有名です。ここでチェックしてほしいのは、必ずしも「議論」のような激しい言い合いとは限らない、ということ。**普通に「話す・相談する」くらいの意味にも使われます。**

## 117 earn

[ə́ːrn]

動 得る・稼ぐ

**キラーフレーズ** **earn** the respect of one's colleagues
（同僚の尊敬を集める）

☺本来「収穫する」という意味でした。たまたま「稼ぐ」と訳す文が多いだけで、TOEICの英文ではお金以外のものがよく出てきますので、**earn = getと考えたほうがイメージがハッキリします。** earn a reputationで「評判を得る」となります。

---

**REVIEW** ☐ logical　☐ industry　☐ plant　☐ column　☐ turn around　☐ work

## 118 line
[láin]
**名** 品ぞろえ・ラインナップ

**キラーフレーズ** a **line** of cookware
（調理器具の品ぞろえ）

☺長文の中で出てくるとわかりにくい単語です。店頭で商品がズラッと一列（line）に並んでいるイメージです。

## 119 top-of-the-line
[tà:pəvðəláin]
**形** （同機種の中で）最上位機種の

**キラーフレーズ** a **top-of-the-line** laptop computer
（最上位機種のノートパソコン）

☺「商品ラインナップの中で（of the line）トップの（top）」→「最上位機種の・最高グレードの」ということです。

## 120 refreshments
[rifréʃmənts]
**名** 軽い飲食物

▶ refresh **動** 元気づける

**キラーフレーズ** **Refreshments** will be served later.
（後ほど軽い飲食物が出されます）

☺「気分一新」という意味のほかに、**「軽い飲食物」という意味**もあり、TOEICではこちらが異常に出ます。「いろいろな飲食物」ということで複数形refreshmentsで使います。

## 121 copy
[kάːpi]

**名** 部・冊

> I'm looking for a copy of that book.
> (あの本を1冊探しています)

😊「(コピー機の)複写」以外にもTOEICでは超重要な意味があって、「(**本・雑誌などの) 1 冊**」を指します。copyは本来「たくさん書き写す」という意味で、みなさんが今読んでいるこの本も「印刷所でたくさん書き写したもの」です。

## 122 atmosphere
[ǽtməsfìər]

**名** 雰囲気

> a friendly atmosphere
> (気さくな雰囲気)

😊 本来「まわりの空気」という意味で、「大気」という意味もありますが、TOEICでよく出るのは、「(もっと小さい)その場の空気」→「雰囲気・ムード」という意味です。

## 123 library
[láibrèri]

**名** 蔵書・書斎

> These books would be a great addition to your library.
> (これらの本はあなたの蔵書にぜひ加えるべきだ)

😊 libraryは本来「本のある場所」という意味なので、「蔵書・書斎」もチェックしておいてください。キラーフレーズの直訳は「これらの本はあなたの蔵書に対して、素晴らしい追加になるだろう」です。

---

**REVIEW**
- interview
- paper
- ticket
- enjoy
- discuss
- earn

## 124 visibility

[vìzəbíləti]

**名** 認知度

> Media coverage of the opening of ABC, Inc.'s new factory increased the company's **visibility**.
> （ABC社の新工場の操業開始をマスコミが報道したので、会社の認知度が上がった）

☺ もともと「視界」という意味ですが、TOEICやビジネスの世界では**「一般の人の視界に入ること」→「認知度」**で使われます。「認知度」はメーカーや広告業界ではよく使われる重要な単語ですね。

## 125 park

[pá:rk]

**動** 駐車する・駐車させる

> **park** in front of the garage
> （車庫の前に駐車する）

☺ キラーフレーズは自動詞「駐車する」で使われていますが、他動詞「駐車させる」という用法もよく使われ、The car is parked there.「その車はそこに停めてある（駐車させられている）」となります。「車」だけでなく、「自転車」にも使えます。

## 126 quarter

[kwɔ́:rtər]

**名** 四半期

▶ quarterly **形** 四半期の

> Sales this **quarter** are higher than last quarter.
> （この四半期の売上は前四半期を上回っています）

☺ quarterは「4分の1」ですが、**ビジネスでは「1年を4つの期間に分け、3カ月単位にした期間」**を指します。実際のビジネスでも、とてもよく使う表現です。

Unit
05

# 訳語が難しい重要単語

何となくわかった気に
なっちゃう語句

---

TOEICに異常によく出るretail「小売り」、keynote speaker「基調講演者」などは、どの単語帳でも見ますが、その言葉の「意味」は説明されません。ここではそういった「実はよくわからない重要語句」を解説します。

## 127 retail
[ríːtèil]

**名** 小売り

▶ retailer **名** 小売業者

**キラーフレーズ**: **retail** outlet
（小売店）

☺「何度も(re)細かく切る(tail)」→「切り売りする」→「小売り」になりました。retail store「小売店」、retail price「小売価格」も大事です。**「小売り」とは「一般消費者に直接売ること」です。**一方、「お店に売る」ことを「卸す」と言い、英語ではwholesaleと言います。

## 128 portfolio
[pɔːrtfóuliòu]

**名** ポートフォリオ

**キラーフレーズ**: Please bring a **portfolio** of your works when you come for the interview for the staff photographer position.
（社員カメラマンの面接にお越しの際、作品のポートフォリオをお持ちください）

☺経済に詳しい人は「有価証券一覧表」が浮かぶと思いますが、TOEICに出る意味は**「デザイナーが作品を一覧にファイルしたもの」**です。人材募集の話で、「portfolioを提出しなさい」と出ます。

## 129 fiscal year

**名** 会計年度

**キラーフレーズ**: **fiscal year** ending March 2016
（(2015年4月から)2016年3月末までの会計年度）

☺新年は1月1日から始まりますが、企業は違いますよね。企業の会計年度をfiscal yearと言います。fiscalは「会計の」という意味です。キラーフレーズのending March 2016の部分は、直前のfiscal yearを修飾しています。

## 130 benefit
[bénəfit]

名 手当て
動 利益を得る

**キラーフレーズ** employee benefit
（従業員手当て）

☺「利益」と訳されることが多いですが、**TOEICではもっと具体的に「特典・手当て・給付金」という意味で使われます。**動詞「利益を得る」も大事で、benefit from ～「～から利益を得る」もよく使われます。Part 5 でfromが問われることもあります。

## 131 package
[pǽkidʒ]

名 いろいろまとめたもの

**キラーフレーズ** benefit packages
（福利厚生）

☺「パッケージ・荷物」が浮かびがちですが、TOEICでは、「**いろいろまとめたもの**」というイメージを持ってください。「その会社で働くメリット（benefit）をいろいろまとめたもの」→「福利厚生」です。salary packageなら「給与総額」という意味です。

## 132 driveway
[dráivwèi]

名 ドライブウェイ・私設車道

**キラーフレーズ** Two cars are parked in the driveway.
（2台の車がドライブウェイに駐車してあります）

☺driveway は、日本ではよほどの豪邸でない限り存在しません。「**一般道路とガレージをつなぐ私道**」のことで、TOEICでは「drivewayを舗装修理したい」といった話が出たりします。

---

REVIEW
- □ line
- □ top-of-the-line
- □ refreshments
- □ copy
- □ atmosphere
- □ library
- □ visibility
- □ park
- □ quarter

## 133 landmark
[lǽndmà:rk]

名 名所

**キラーフレーズ**
The Statue of Liberty is a famous landmark in New York City.
（自由の女神はニューヨーク市でよく知られた名所です）

☺日本でも「ランドマーク」という言葉が使われていますね。「陸にある(land)旅行者の目印(mark)となるようなもの」→「名所」となりました。Part 4の「ツアー」でよく使われます。

## 134 voucher
[váutʃər]

名 引換券・クーポン券

**キラーフレーズ**
distribute vouchers to the attendees
（参加者に引換券を配る）

☺日本でも旅行代理店のパンフレットに「ホテルのバウチャーは空港で配布」などと書いてあります（この場合は「ホテルの宿泊券」という意味です）。

## 135 walkway
[wɔ́:kwèi]

名 歩行者用の通路

**キラーフレーズ**
a walkway between two terminals
（2つのターミナルの間をつなぐ歩行者用通路）

☺文字通り「歩く(walk)ための道(way)」です。リスニングで出てくると、最初は何かよくわからず、意外と苦労する単語です。

## 136 patio

[pǽtiòu]

**名** テラス・中庭

> **キラーフレーズ** have a barbeque on the patio
> (テラスでバーベキューをする)

☺日本でも大きなホテルには中庭があり、結婚式に使われたり、ビアガーデンになったりします。この場所は「パティオ」と表記されています。

## 137 full-service

[fúlsə̀ːrvəs]

**形** フルサービスの

> **オンフレーズ** Full-service gas stations are rare these days.
> (最近はフルサービスのガソリンスタンドが珍しいです)

☺簡単そうに見えて、意味がわかりにくい単語です。ズバリ「**セルフサービスの対義語**」と考えれば**カンタンです**。食堂やガソリンスタンドで使われ、「すべてのサービスをしてくれる（セルフサービスなんかじゃない）」ということです。

## 138 cubicle

[kjúːbikl]

**名** 個人用スペース

> **キラーフレーズ** Please stop by my cubicle after lunch.
> (昼休みの後、私の机に立ち寄ってください)

☺オフィスの、パーテーションで区切った個人用デスクがある場所です。

---

**REVIEW**
☐ retail  ☐ fiscal year  ☐ package
☐ portfolio  ☐ benefit  ☐ driveway

## 139 nomination 名 候補・推薦

[nɑːmənéiʃən]

**キラーフレーズ** That film received **nominations** for two awards, but only won one.
(その映画は2つの賞の候補に名を挙げられたが、受賞は1つだけだった)

☺ 動詞nominateは、**name**と関連があり、「名前を挙げられる」→「推薦する」となりました。名詞形がnominationです。さらに、nomineeは「推薦された人」で(-eeは「される人」)、a nominee for a vacant positionで「空いた職に推薦された人」です。

## 140 trade show 名 展示会・見本市

**キラーフレーズ** This year the **trade show** will be held at Tokyo Big Sight.
(今年の展示会は東京ビッグサイトで開催されます)

☺ TOEICによく出てくるわりに、いまいちピンとこない単語かもしれません。**trade show**とは「その業界の最先端の商品・開発段階の技術を発表するイベント」のことです。日本では、東京ビッグサイトなどでよく開かれています。

## 141 spokesperson 名 広報担当者

[spóukspə̀ːrsn]

**キラーフレーズ** A **spokesperson** for the construction company explained the work schedule.
(建設会社の広報担当者が作業工程を説明しました)

☺ 少し前まではspokesman「スポークスマン」がそのまま日本語でも使われていました。「話す(spoke)ことを仕事にした人(man)」ですが、「男性だけとは限らない」という配慮から、manをpersonに変えたものがspokespersonです。

## 142 vessel

名 船

[vésl]

**キラーフレーズ** The marina is filled with large and small sailing **vessels**.
（マリーナ（船を止めておく波止場）には大小の帆船がたくさんあります）

☺ vase「花瓶」と語源が同じで、もともとは「容器」という意味です。「**海上で人を入れる容器**」→「**船**」となりました。

## 143 community

名 地域社会

[kəmjúːnəti]

**キラーフレーズ** talk to members of the local **community**
（地元の人々と話をする）

☺ なまじ日本語になっているだけに、どういう意味なのかハッキリわかっていない人が多いのが、このcommunityです。communityは「地域社会」と覚えてください。「**同じ土地に住み、約束事や習慣を共有する地域・人々**」のことです。

## 144 keynote speaker

名 基調講演者

**キラーフレーズ** Our CEO will be the **keynote speaker** at this year's convention.
（弊社の最高経営責任者は今年の大会の基調講演者となります）

☺ keynoteはもともと音楽用語で「主音」という意味ですが、実際にはmain theme「メインテーマ」の意味で使われます。**その会のメインテーマについて演説する人をkeynote speaker「基調講演者」と言います。**

---

REVIEW | □ landmark □ voucher | □ walkway □ patio | □ full-service □ cubicle

## 145 catering

[kéitəriŋ]

**名** ケータリング・出前

**キラーフレーズ**
**Catering** is a bit expensive; let's cook ourselves.
(ケータリングを頼むのはちょっと高いなあ。自分たちで料理しよう)

😊「ケータリング」とは「料理の配達・給仕のサービス」のことで、日本でも、会議で支給されるお弁当の業者を「ケータリング業者」と言うことが増えました。イメージとしては芸能人の「ロケ弁」です。動詞caterは「料理をまかなう」、名詞catererは「仕出し業者」です。

## 146 box office

**名** (劇場・映画館の)チケット売り場

**キラーフレーズ**
Now you can buy movie tickets online instead of at the **box office**.
(今は映画の入場券を、チケット売り場ではなく、オンラインで購入できます)

😊「劇場での会話」で出てくる表現です。「それぞれのブースが箱(box)のように仕切られた売り場(office)」のことです(必ずしも箱型の小さい建物ではありません)。

## 147 cover letter

**名** カバーレター

**キラーフレーズ**
send a résumé and **cover letter**
(履歴書とカバーレターを送る)

😊「カバーレター」とは、「履歴書に添える手紙」のことです。補足事項や自己PRなど、職歴以外に伝えたいことを書いたりします。

**周回CHECK!!** | 1 / | 2 / | 3 / | 4 / | 5 / | 6 / |

# Unit 06

# みんなが勘違いしやすい単語①

よくある勘違いを一発で直す

---

「セレブ」は「お金持ち」という意味ではありません。ホテルの「スイートルーム」の「スイート」はsweet「甘い」ではありません。このような「勘違いしやすい単語」をキッチリ解説していきます。

## 148 downtown
[dáuntáun]

副 町の中心部に・繁華街に

**キラーフレーズ** Our headquarters is **downtown**.
（弊社の本社は町の中心部にあります）

☺「下町」ではありません。もともと高級住宅地が「坂を上った(up)山のほうに」あるイメージのuptown「山の手に・住宅地区に」という単語があり、downtownはこの対義語です。

## 149 tenant
[ténənt]

名 部屋を借りる人

**キラーフレーズ** office **tenant**
（事務所のテナント（借り手））

☺「貸し手」と勘違いしてしまう人も多いので注意してください。商業ビルによく「テナント募集」と書いてあります。これでわかる通り、**tenant**とは「部屋を借りる人」のことです。

## 150 dining car

名 食堂車

**キラーフレーズ** Sandwiches and snacks are available in the **dining car**.
（サンドイッチとお菓子は食堂車で買うことができます）

☺日本ではすっかり珍しくなってしまった電車の食堂車ですが、TOEICの世界ではよく出てきます（海外では珍しくないので）。dineは動詞「食事をする」で、その-ing形がdiningです。「ダイニング」という響きは日本語でもおなじみですよね。

## 151 diner
[dáinər]

名 食事をする人

**キラーフレーズ** The restaurant is almost empty. There are only two **diners** and the waitress.
（レストランはガラガラです。食事をする2人とウエイトレス1人しかいません）

☺dinner「夕食」と見間違えないようにしてください。dine「食事をする」に-erをつけたものがdinerです。最近は日本でも「（食事ができる）おしゃれなバー」のことをdiner（ダイナー）と表記する店が増えてきました。

## 152 colleague
[káːliːɡ]

名 同僚

**キラーフレーズ** We're planning a retirement party for a **colleague** who is retiring this month.
（今月退職する同僚のため退職記念パーティーを計画しています）

☺college「大学」と見間違うミスが多いのですが、TOEICでcolleagueは超重要単語ですので気をつけてください。「一緒に（co）集まり（league）を作る人」→「同僚」となります。leagueは「集まり・同盟」の意味で、野球の「セ・リーグ」で使われていますね。

## 153 terrific
[tərífik]

形 素晴らしい

**キラーフレーズ** **terrific** results
（素晴らしい結果）

☺本来はterrible「恐ろしい」と同じ語源で「ぞっとさせる」という意味でしたが、「ぞっとさせるくらい素晴らしい」となり、プラスの意味で使われます。もともと悪い意味だったのがプラスに転化したという意味では、若者が使う「ヤバい」という日本語と同じですね。

---

**REVIEW**
- ☐ nomination
- ☐ trade show
- ☐ spokesperson
- ☐ vessel
- ☐ community
- ☐ keynote speaker
- ☐ catering
- ☐ box office
- ☐ cover letter

## 154 economical

[èkəná:mikl]

形 お得な

**キラーフレーズ** an economical method of transportation
（安上がりな交通手段）

☺「経済的な」と訳されますが、economic「経済上の」と混乱してしまうので、**economicalは「お得な」**と覚えるほうが混乱しないと思います。

## 155 be grateful for ～

動 ～に感謝している

**キラーフレーズ** be grateful for your assistance
（あなたのお力添えに感謝している）

☺ great「素晴らしい」とは、つづりが違います。**graは「感謝」**を表し、「ありがとう」をイタリア語で「グラッチェ(grazie)」、スペイン語なら「グラシアス(gracias)」と言います。

## 156 advise

[ədváiz]

動 助言する

**キラーフレーズ** Pharmacists advise patients on how to take their medicine.
（薬剤師は患者に薬の飲み方について助言します）

☺ 名詞advice「助言」とはつづりも発音も違うので注意してください。adviseは「アドバイ**ズ**」という発音です。advise 人 on ～の形で「人 に～について助言する」です。onは「～について」という意味です。

## 157 effect

[ifékt]

**名** 効果・結果・影響

**キラーフレーズ** cause and effect
（原因と結果）

☺ effectのef-は、本来ex-「外に」です（ex+fが言いにくいのでefに変化した）。effectは「**外に(ex)出てきたもの**」→「**効果・結果・影響**」となりました。ちなみに「（ギターの）エフェクター」とは「音に何らかの効果を与える機材」です。

## 158 affect

[əfékt]

**動** 影響を与える

**キラーフレーズ** affect one's job performance
（仕事の成績に影響を与える）

☺ effectは名詞（動詞もありますが、ほとんど出てきません）ですが、affectは動詞です。affectのaf-は本来、前置詞at「1点めがけて」です。「〜めがけて(at)力を加える」→「影響を与える」になりました。

## 159 personnel

[pɜ̀ːrsənél]

**名** 職員

**キラーフレーズ** All personnel are expected to wear proper attire when meeting with clients.
（全職員は、クライアントとの面会の際、規定の服を着用しなければならない）

☺ personal「個人の」と見間違えやすいので注意してください。実は語源は同じで、personnelは「個人、個人みんな」→「職員」となりました。personnelのほうがつづりが長いので「文字が多いほうが人がたくさん」→「職員」と考えてしまいましょう。

---

**REVIEW**　□ downtown　□ dining car　□ colleague
　　　　　　□ tenant　　□ diner　　　□ terrific

## 160 amenities　名 設備
[əménətiz]

**キラーフレーズ**
**Amenities at the Royal Hotel include three restaurants, a swimming pool and a 24-hour fitness center.**
（Royal Hotelの設備には、3つのレストラン、プール、24時間利用可能なフィットネスセンターがあります）

☺「アメニティグッズ（ホテルにある化粧水など）」が浮かんでしまいます。確かにamenityは「生活を便利にするもの」という意味ですが、TOEICでは「**生活を便利にする設備**」が重要です。この意味の場合、必ず複数形amenitiesです。

## 161 celebrity　名 有名人
[səlébrəti]

**キラーフレーズ**
**You can see many celebrities in Hollywood.**
（ハリウッドでは数多くの有名人を見かけることができます）

☺日本語の「セレブ」は「お金持ち」の意味で、一般の人にも使われていますが、正しくは「有名人」という意味です。「祝福（celebrate）されるような人」ということです。

## 162 suite　名 スイートルーム
[swíːt]

**キラーフレーズ**
**Is it possible to upgrade from my deluxe room to a suite?**
（デラックスルームからスイートルームにアップグレードすることはできますか？）

☺suit「スーツ」は「上下ひと続きの服」という意味ですが、suitとsuiteは語源が同じで、「ひと続きの部屋」という意味です。sweet「甘い」とはまったく関係ありません。

## 163 graduate student
名 大学院生

**キラーフレーズ** We are recruiting engineering graduate students for our summer internship program.
（夏期インターンシップ制度のために、工学専攻の大学院生を募集しています）

☺「卒業生」という誤解がよくあるのですが、「大学を卒業して、次の学問機関に進んだ人」→「大学院生」のことです。ちなみに「卒業生」は単にgraduateでOKです。

## 164 dairy
名 乳製品
[déəri]

**キラーフレーズ** Yogurt, milk, butter and cheese are all dairy products.
（ヨーグルト、牛乳、バター、チーズはすべて乳製品です）

☺daily「毎日の」とは、つづりも発音も違います。dairyは本来「バター・チーズの製造場」という意味でした。dairy productsで「乳製品」なんですが、単にdairyだけで「乳製品」として使われるようになりました。

## 165 complaint
名 苦情・クレーム
[kəmpléint]

**キラーフレーズ** a complaint about bad service
（サービスが悪いという苦情）

☺日本語の「クレーム（苦情）」は英語で言えばcomplaintになります。TOEICでは何かしらのcomplaintを告げる話がよく出てきます。ちなみに、claimは「主張する・要求する」という意味になります。

---

REVIEW
- □ economical
- □ be grateful for 〜
- □ advise
- □ effect
- □ affect
- □ personnel

## 166 a couple of ～

形 2、3の～

**キラーフレーズ:** **a couple of** times per week
（週に2、3回）

😊「カップル」と言えば「2人組」のことで、英語のcoupleにもその意味はありますが、特にa couple of ～ の形のときは、必ずしも「2」とは限らず、「2、3の～」という意味でよく使われます。この場合はa fewと同じ意味です。

## 167 in the event of ～

前 ～の場合には

**キラーフレーズ:** **In the event of** an earthquake, do not use the elevator.
（地震の場合には、エレベーターを使わないでください）

😊 eventは「場合・出来事」です。日本語の「イベント」は、「楽しい出来事」ですが、**eventは「よいこと」にも「悪いこと」にも使います。** in the event that ～ の形になることもあり、in the event that I am lateで「私が遅れる場合は」です。

## 168 dental exam

名 歯科検診

**キラーフレーズ:** I have a **dental exam** and cleaning every 6 months.
（私は6カ月ごとに歯科検診と歯のクリーニングを受けています）

😊 examは「試験」が有名ですが、本来は「調べるもの」という意味なので、このように「検診」でも使われます。

## 169 weigh
[wéi]
**動** 重量がある

**This bag of rice weighs 10 kilos.**
(この米1袋は10キロです)

☺weighは動詞です。日本語でもよく使われる「ウエイト(weight)」は、「重さ」という意味で、これは名詞です。品詞に注意してください。

## 170 unlike
[ʌnláik]
**前** 〜とは違って

**Unlike the French, most Germans prefer beer to wine.**
(フランス人と違って、ほとんどのドイツ人はワインよりビールを好みます)

☺unlikeは前置詞です。前置詞like「〜のような」の対義語です。フレーズのようにUnlike 〜, SV.「〜と違って、SVだ」のような形で使われることが多いです。

## 171 permanent job
**名** 正社員としての仕事

**I am working part time until I can find a permanent job.**
(正社員としての仕事を見つけることができるまでパートの仕事をしています)

☺permanentは「永久の」の意味が有名ですが、**実際には弱まって「半永久的な」や「ある程度長い」くらいの意味になることが多くあります。**permanent jobも「一生の仕事」ではなく、実際は「正社員としての仕事・定職」で使われます。

---

REVIEW
- amenities
- celebrity
- suite
- graduate student
- dairy
- complaint

## 172 loose 形 緩んだ
[lúːs]

**キラーフレーズ** This shirt is too loose for me.
（私にこのシャツは緩すぎます）

☺ 昔流行った女子高生の「ルーズソックス」は「緩い靴下」という意味です。ただし、**loose**の正しい発音は「**ルース**」です。キラーフレーズのtoo looseは、要するに「ダブダブ」ということです。

## 173 proportion 名 割合
[prəpɔ́ːrʃən]

**キラーフレーズ** The proportion of people who passed the exam is approximately 20%.
（試験に合格した人の割合は、約20%です）

☺「スタイルのよさ」を考えてしまいますが、proportionは「割合」という意味です。本来の意味から考えれば、「プロポーションがよい」=「体の割合（バランス）がよい」ということなんです。

## 174 scores of ～
形 多数の～

**キラーフレーズ** We have received scores of emails from satisfied purchasers of our floor fans.
（弊社のリビング扇風機を購入して満足したお客様から、数多くのメールが届いています）

☺ scoreは「得点」が有名ですが、本来は「20」という意味です。羊飼いが20頭ごとに目印をつけて羊の数を数えたので、そこから「数を数えたもの」→「得点」となりました。**scoresは複数形なので「20がいくつもある」→「何十も・多数」**となりました。

みんなが勘違いしやすい単語① ～よくある勘違いを一発で直す～

| 周回CHECK!! | 1 / | 2 / | 3 / | 4 / | 5 / | 6 / |

## 175 unique
[juː(ː)níːk]
**形** 独特な

**キラーフレーズ**
the chef's **unique** cuisine
(そのシェフの独特な料理)

😊「面白い」なんてイメージは捨ててください。「独特」という意味で、若い人が使う**「オンリーワン」に近い感じ**です。

## 176 handle
[hǽndl]
**動** 扱う
**名** 取っ手

**キラーフレーズ**
**handle** personal information
(個人情報を扱う)

😊「車のハンドル」ではありません。「(hand:手で)扱う」という意味が重要です。また、荷物などに貼られるステッカーにはhandle with care「取扱注意」と書かれることもあります。

## 177 mechanic
[məkǽnik]
**名** 修理工

**キラーフレーズ**
My car won't start. Let's call a mechanic.
(車のエンジンがかかりません。修理工に連絡を取りましょう)

😊「機械」だと思われることが多いのですが、「修理工」つまり「人」のことを指します。リスニングでは、修理工からの電話で「部品代がかなりかかるけど、作業を続けてもいい?」という内容がよく出ます。

**REVIEW**
□ a couple of 〜　　□ dental exam　　□ unlike
□ in the event of 〜　□ weigh　　　　□ permanent job

## 178 appointment
[əpɔ́intmənt]

**名** 予定・(面会の)約束

**キラーフレーズ**
doctor's appointment
(診察の予約)

☺日本語で「アポ(イントメント)」というと、「仕事での約束」しか表しませんが、本来は「**それなりの職についた人との面会**」という意味で、特にTOEICでは、「医者との面会」→「病院の予約」という意味で頻繁に使われます。

## 179 snack
[snǽk]

**名** 軽食

**キラーフレーズ**
serve in-flight snacks
(機内の軽食を出す)

☺日本語の「スナック」と違って「**お菓子**」とは限らず、「**軽食**」という意味です。余談ですが、「軽い食事を出す場所」という意味が「軽い食事とお酒」に発展して、飲み屋の「スナック」となりました。

## 180 sometime
[sʌ́mtàim]

**副** いつか

**キラーフレーズ**
I'd like to visit Paris sometime.
(いつかパリに行ってみたいです)

☺「**漠然と未来のいつか**」という意味です。ちなみに、sometimesは「ときどき」という意味で区別が必要です。sometimesは副詞なので、このsは決して「複数」ではないのですが、こじつけて「sometimesは"複数"行う」→「ときどき行う」と考えれば忘れないと思います。

— みんなが勘違いしやすい単語① 〜よくある勘違いを一発で直す〜

周回CHECK!! 1 / 2 / 3 / 4 / 5 / 6 /

## 181 diet

[dáiət]

**名** 食事

> It is important to eat a *diet* that is high in fiber and low in fat.
> (食物繊維が多く、脂肪が少ない食事をとることが大切です)

☺ どうしても「やせるためのダイエット」が浮かんでしまいます。その意味もありますが、**diet は「食事」を指す**ことが多いです。「(きちんとした)食事」→「ダイエット」となったわけです。

## 182 mood

[múːd]

**名** 気分

> in a good *mood*
> (機嫌がよい)

☺「雰囲気」のイメージを持ちますが、「雰囲気」は atmosphere です (122番)。**mood は「気分」**です。昔のヨーロッパでは「moon を見ると気が狂う」といった迷信があったりするので、「月 (moon) を見ると気分 (mood) が変わる」という語源の説もあります。

## 183 workshop

[wə́ːrkʃàːp]

**名** 講習会

> a *workshop* on time management
> (時間管理をテーマとした講習会)

☺ 会社の中で開かれる講習会や勉強会のことです。workshop on ~ の形になることも多く、on は「専門の on (~について)」です。

---

REVIEW
- □ loose
- □ proportion
- □ scores of ~
- □ unique
- □ handle
- □ mechanic

## 184 single-day
[síŋgldèi]

**形** 1日で終了する

**キラーフレーズ**
a **single-day** seminar
（1日完結のセミナー）

☺「日帰りの」と訳されることが多いのですが、キラーフレーズのa single-day seminarのように、「旅行以外」にも使えるので、「日帰り」という訳よりも、「**1日で終了する**」という意味でチェックしておいてください。

## 185 note
[nóut]

**名** メモ
**動** 注意する

**キラーフレーズ**
leave a **note** on a person's desk
（人の机にメモを残す）

☺ noteは「メモ」という意味なんです。「帳面」という意味の「ノート」はnotebookで、「note（メモ）するためのbook」ということです。

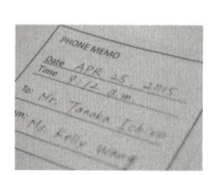

## 186 notepad
[nóutpæd]

**名** はぎ取り式のメモ帳

**キラーフレーズ**
take notes in a **notepad**
（メモ帳にメモを取る）

☺ padとは「下敷き・台」くらいの意味で、マウスパッド（マウスを動かす下敷き）やiPadにも使われています。notepadは「台つきのメモ帳」ということです。

Unit
07

# みんなが勘違いしやすい単語②

英文が読めないのは
「単語を勘違い」しているせい!?

---

localは「田舎の」ではありません。winを「勝つ」と覚えるとwin customer supportの意味がわかりません。このように「実は本当の意味が知られていない語句」をここで徹底解説していきます。

## 187 replace
[ripléis]

**動** 取り換える・〜の後任となる・なくす

▶ replacement **名** 代わりのもの(人)

**キラーフレーズ** Mr. Sato will replace Mr. Fox.
(SatoさんがFoxさんの後任になります)

😊 replace=loseと覚えてください。replaceの直後の名詞が「なくなる」わけです。キラーフレーズの場合、「Mr. Foxがいなくなる(前任者)、Mr. Satoが後任」と一瞬でわかります。

## 188 win
[wín]

**動** 勝ち取る

**キラーフレーズ** win an award
(賞をとる)

😊「勝つ」と覚えてしまっている人がほとんどですが、「**勝ち取る(=get)**」というイメージを持ってください。win approval「承認を得る」、win customer support「顧客支持を獲得する」など、いろんな場面で使われます。

## 189 beat
[bí:t]

**動** 打ち負かす

▶ unbeatable **形** 無敵の・最良の

**キラーフレーズ** at a price that can't be beat
(どこにも負けないお値段で)

😊 もともと「たたく」という意味です。「相手をたたく」→「勝つ・打ち負かす」となります。キラーフレーズのa price that can't be beatのthatは関係代名詞で、直訳は「打ち負かされることができない値段」です。

## 190 trip
[tríp]

名 短い移動

**キラーフレーズ** be worth the trip
（行く価値がある）

☺ tripには「旅行」という意味だけではなく、「**移動・外出**」**という意味もあるんです。**ちなみに、キラーフレーズのworthは「～の価値がある」という前置詞です。

## 191 sustainable
[səstéinəbl]

形 持続可能な

**キラーフレーズ** sustainable energy
（持続可能なエネルギー）

☺ 石油などは、いつかは枯渇してしまうわけで「持続可能」ではありません。「**持続可能なエネルギー」とは、太陽光や風力で作ることができるエネルギー**を指します。このエネルギーを開発していくことが今後の課題、といった英文で出てきます。

## 192 nervous
[nə́ːrvəs]

形 緊張した

**キラーフレーズ** feel nervous
（緊張する）

☺ 「神経質な」という「性格」の意味もありますが、**よく出るのは、「緊張した」という「気持ち」のほうです。**プレゼンなどの前に使われる表現です。

---

REVIEW
- □ appointment
- □ snack
- □ sometime
- □ diet
- □ mood
- □ workshop
- □ single-day
- □ note
- □ notepad

## 193 studio

[st(j)úːdiòu]

**名** スタジオ・仕事場

**キラーフレーズ** a photo studio
（写真屋）

☺写真家や画家の「仕事場」のことです。発音は「スタジオ」ではなく「ストゥーディオゥ」です。studio apartmentは「ワンルームマンション」のことで、最近はおしゃれなマンションを「スタジオタイプ」と表すことが増えてきました。

## 194 item

[áitəm]

**名** 品物

**キラーフレーズ** Passengers are allowed up to two carry-on **items**.
（乗客は手荷物 2 個までです）

☺ゲームの影響で、ドラクエ世代としては「便利な道具」のイメージがつきまとってしまうのですが、普通に「品物」という意味です。キラーフレーズのup to ～ は「～まで」という前置詞です。

## 195 stove

[stóuv]

**名** コンロ

**キラーフレーズ** a **stove** with four burners
（4つのバーナーのあるコンロ）

☺「ストーブ」という意味もありますが、キッチンで「火を使って温めるもの」→「コンロ」という意味で使われるほうが多いんです。

**周回CHECK!!** | 1 / | 2 / | 3 / | 4 / | 5 / | 6 / |

## 196 pitcher
[pítʃər]

**名** 水差し

**キラーフレーズ** a pitcher of water
（水の入った水差し）

☺居酒屋で使われる「（ビールの）ピッチャー」とは、このpitcherです。Part 1 の写真で出てきます。

## 197 wheel
[wíːl]

**名** 車輪
**動** （車輪がついたものを）動かす

**キラーフレーズ** wheel a bicycle across the street
（自転車を道の向こうまで押す）

☺日本でも、車が好きな人は「ホイール（車輪）」とそのまま使います。さらに「車輪」→「（車輪がついたものを）動かす」となりました。キラーフレーズのwheelは動詞で使われたものです。

## 198 belongings
[bilɔ́(ː)ŋiŋz]

**名** 所持品

**キラーフレーズ** Please put your belongings in this locker.
（このロッカーに所持品を入れてください）

☺動詞belong「属する」の名詞形がbelongingsで、「人に属しているもの」→「所持品」となります。普通、所持品はいくつもあるのでbelongingsと複数形で使います。

---

REVIEW　□ replace　□ beat　□ sustainable
　　　　□ win　　　□ trip　□ nervous

## 199 represent [rèprizént]
**動 表す・代表する**

> This graph **represents** the number of employees over the last ten years.
> (このグラフは最近10年間の社員数を示しています)

☺「表す・代表する」という2つの意味には共通点があり、それは「**=（イコール）**」ということです。A represents B. が、「AはBを表す」と訳すときは「A=B」ですし、「AさんはB社を代表する」の場合も、その場では「Aさん=B社」ということですね。

## 200 representative [rèprizéntətiv]
**名 代表者・担当者**

> A **representative** from Crosswire, Inc. talked to us about their Internet services.
> (Crosswire社の担当者が彼らのインターネットサービスについて話をしてくれました)

☺ 199番のrepresent「代表する」の名詞形がrepresentative「代表者・担当者」です。この長い単語はネイティブもイヤなようで、repと短縮して使うこともよくあります。たとえば、sales representative「営業担当者」はsales repと表記されます。

## 201 reception [risépʃən]
**名 宴会・パーティー**

> hold a retirement **reception** for him
> (彼の退職パーティーを開く)

☺「歓迎会」と訳されることが多いのですが、キラーフレーズのように、必ずしも歓迎会とは限りません。ぜひ「宴会・パーティー」と覚えてください。

## 202 local

形 地元の

[lóukl]

**local time**
(現地時間)

☺「田舎の」と思う勘違いが多いのですが、本当は「地元の・その地方の」という意味で、別に田舎だけを指すわけではありません。飛行機に乗ると、座席のモニターには必ずlocal time「現地時間」が表示されます。それがたとえ大きな都市でも、localが使われています。

## 203 set up

動 設置する・準備する・計画する

**set up a meeting**
(会議を計画する)

☺パソコンの「セットアップする」でイメージはつかめるでしょう。文字通りには「セットする・設置する」で、set up the tables and chairs「テーブルやいすを設置する」と使われ、さらに「設置する」→「準備する・計画する」となりました。

## 204 favorite

形 一番好きな

[féivərət]

**one of my favorite authors**
(私の好きな作家のうちの1人)

☺「好きな・お気に入りの」と思われていますが、**本当は「一番好きな」で、最上級の意味が含まれている**んです。Part 5では、favoriteの直前にmoreがこないというのがポイントとなる問題が出ることもあります。

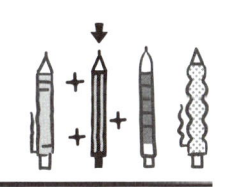

REVIEW □ studio □ stove □ wheel
□ item □ pitcher □ belongings

## 205 performance 名 実行・実績

[pərfɔ́ːrməns]

**キラーフレーズ**
**performance** review
（勤務評定）

☺ performanceと聞いて、何か派手な芸を浮かべてしまうのはよくありません。**もともと動詞performは「きっちり行う」という意味**（per-はperfectという意味）で、そこから「実行・実績」になりました。financial performanceなら「財務実績」です。

## 206 depend on ～
動 ～に頼る・～次第だ

**キラーフレーズ**
It **depends on** the weather.
（天気によります）

☺「～に頼る」という意味が有名ですが、実際はこの意味だけでは半分も通用しません。「～次第だ（～に左右される）」という意味をしっかりチェックしておいてください。もちろん根底の意味は同じで、「Aに頼る」→「A次第で決まる」ということです。

## 207 significant 形 かなりの・重要な

[signífikənt]

**キラーフレーズ**
a **significant** amount of money
（かなり多くのお金）

☺「印（sign）をつけておくくらい意義のある」→「かなりの・重要な」となりました。また、「重要な」という意味もよく使われ、play a significant roleは「重要な役割を果たす」となります（「重要な」については28ページ）。

周回CHECK!! | 1 / | 2 / | 3 / | 4 / | 5 / | 6 / |

## 208 part-time

[pá:rttàim]

形 非常勤の

**a part-time faculty member at EI University**
(EI大学の非常勤講師)

☺ full-time「常勤の」に対し、「部分的な時間」で働くのでpartを使います。日本語では「パート」と言うとなぜか主婦のアルバイトのみを指しますが、英語ではそんなことはありません。

## 209 identity

[aidéntəti]

名 身元

**proof of identity**
(身元を証明するもの)

☺ 辞書には「自己同一性・主体性」など小難しい意味が並んでいますが、そもそもうまく訳せないから「アイデンティティー」とそのまま使っているわけです。TOEICでは単純に「本人だとわかるもの」→「身元」という意味でよく出てきます。

## 210 stapler

[stéiplə:r]

名 ホチキス

**The stapler is out of staples.**
(そのホチキスは針を切らしている)

☺「ホチキス」というのは商品名（固有名詞）で、本来はstaplerと言います。また、stapleは名詞「ホチキスの針」、動詞「ホチキスでとめる」という意味です。staple three pages togetherは「3枚の紙をホチキスでとめる」となります。

---

REVIEW
- □ represent
- □ representative
- □ reception
- □ local
- □ set up
- □ favorite

## 211 quite a few
**形 かなりたくさんの**

キラーフレーズ
**quite a few** requests
（かなりたくさんの要求）

☺ミスが多い熟語です。a fewは「少し」と言われますが、**正しい感覚は「（少し）ある」**です。quite a fewは「すごくある」→「たくさん」という意味になるわけです。

## 212 this long
**副 こんなに長く**

キラーフレーズ
I didn't think it would take **this long**.
（こんなに長くかかると思いませんでした）

☺このthisは副詞で「こんなに」という意味です。かなりマイナーな用法に思えるかもしれませんが、日常会話でも使われますし、TOEICにも実際に出ています。

## 213 practical
**形 実践的な**
[prǽktikl]

キラーフレーズ
a **practical** approach to collecting data
（データ集めの実践的な方法）

☺「実践的な」という意味でピンとこなければ、「実用的な・実際に役立つ」と覚えるのがおすすめです。動詞practiceは「実行する」という意味で、「実際に行う」→「練習する」となりました。**形容詞practicalは「実際に行うときに役立つ」**→**「実践的な」**です。

## 214 challenge
[tʃǽlindʒ]
**動** 異論を唱える

**キラーフレーズ** **challenge** one's boss's decision
(上司の判断に異論を唱える)

☺数百年前は「悪口」という意味でした。そこから「挑戦(する)」が有名になりました。「目上の人に異論を唱えて挑戦する」→「異論を唱える」です。

## 215 challenging
[tʃǽlindʒiŋ]
**形** やりがいのある

**キラーフレーズ** a **challenging** new project
(やりがいのある新しいプロジェクト)

☺challengeには「挑戦」以外に、「(挑戦したくなるような)難問・やりがい」という意味があります(これも大事な意味です)。そこから生まれたのがこのchallengingで、「やりがいのある」となるわけです。

## 216 administrator
[ədmínəstrèitər]
**名** 管理者

▶ administration **名** 運営・管理

**キラーフレーズ** network **administrator**
(ネットワーク管理者)

☺動詞administerは「大臣(minister)のように国に仕える」→「運営する・管理する」です。その名詞形administratorは「管理する人」となります。

**REVIEW**  □performance  □significant  □identity
□depend on ～  □part-time  □stapler

## 217 traditional

[trədíʃənl]

**形** 従来の

▶ traditionally **副** これまで

**キラーフレーズ** **traditional** method
（従来の方法）

😊「伝統的な」という意味が有名ですが、英文では必ずしもプラスの意味になるとは限らず、見出しにあるように「従来の」という意味で使われることのほうが多いくらいです。traditionalを見たら、まずは「従来の」という意味を考えてください。

## 218 exert

[igzə́ːrt]

**動** （力を）使う

**キラーフレーズ** To open this bottle, **exert** pressure on the cap and twist.
（このびんを開けるには、キャップを押し込み、横に回してください）

😊「力を使いまくる」というイメージです。exert all one's strengthなら「全力を出す」です。キラーフレーズのexert pressureは「圧力を加える」→「キャップを押す」です。海外の薬は子どもがびんを開けないように、このようなしくみになっていることがあります。

## 219 thorough

[θə́ːrou] [θʌ́rə]

**形** 徹底的な・完全な

▶ thoroughly **副** 徹底的に

**キラーフレーズ** a **thorough** check
（徹底した確認）

😊「サーロウ」「サラ」の2種類の発音があります。「サーロウ」がよく使われますが、意味を覚えやすいのは「サラ」で、「サラブレッド(thoroughbred)」は「完全な育ちの純血馬」です。

みんなが勘違いしやすい単語② 〜英文が読めないのは「単語を勘違い」しているせい!?〜

周回CHECK!! 1 / 2 / 3 / 4 / 5 / 6 /

## 220 process

[prá:ses]

**名** 過程

**キラーフレーズ** The process of establishing a company is quite complicated.
（会社を設立する過程はかなり複雑です）

☺「過程・プロセス」が有名で、実際その意味もよく使われますが、**「作業・作業の過程」という意味が含まれている**ことも大事です。それを踏まえてキラーフレーズを見ると「会社を設立する過程」＝「会社設立の作業」という意味がよりハッキリします。

## 221 lease

[líːs]

**動** 貸す・借りる

**キラーフレーズ** I've decided to lease my next car instead of buying it.
（次の車は、購入するのではなく、借りることにしました）

☺日本語でも「リース」と使われますが、**実はleaseには「貸す・借りる」という真逆の意味がありますが**、どちらの意味になるかは文脈でわかります。The mall owner leases space to shop owners.「モールの所有者は、お店のオーナーたちに土地を貸し出します」は「貸す」という意味になります。

## 222 embarrassing

[imbérəsiŋ]

**形** 恥ずかしい・ばつの悪い

**キラーフレーズ** an embarrassing mistake
（恥ずかしいミス）

☺embarrassは「恥ずかしい思いをさせる」という意味で、「顔が赤くなるような恥ずかしさ」です（「うわっ、恥ずっ！」みたいな感じ）。それに-ingがついて形容詞として使われるのがembarrassingで、「恥ずかしい思いをさせるような」という意味です。

---

**REVIEW**　□ quite a few　□ practical　□ challenging
　　　　　□ this long　□ challenge　□ administrator

## 223 phase [féiz]
**名** 段階

**キラーフレーズ**: the second phase of the renovation
（第2期改修工事）

😊 ビジネスで「次のフェーズ(phase)は……」などと使われます。本来は「周期ごとに月の形が段階に応じて変わっていく様子」というカッコイイ意味で、「月が三日月の段階に入った」というイメージです。

## 224 potential [pəténʃəl]
**形** 潜在的な

**キラーフレーズ**: potential customers
（潜在顧客）

😊 「潜在的な」という意味ですが、**簡単に言えば「〜になっちゃうかもしれない」というイメージです。**potential customersなら「お客になっちゃうかもしれない人・買ってくれそうな人」ということです。

## 225 prospective [prəspéktiv]
**形** 見込みのある

**キラーフレーズ**: prospective customers
（潜在顧客）

😊 名詞prospectは「前を(pro)見る(spect)」→「見込み」という意味で、形容詞がprospectiveです。**prospective = potential**と考えればイメージしやすいと思います。

## 226 private

[práivət]

形 民間の・個人の

**キラーフレーズ**
**private** company
(民間企業)

😊「民間の・個人の」という2つの大事な意味がありますが、「**private は、official・public の反対**」と考えればイメージがわきやすいです。「個人の」という意味では、private property「私有地」のように使われます。

## 227 nearly

[níərli]

副 ほとんど

**キラーフレーズ**
**nearly** seventy percent
(70%弱)

😊 nearly=almost です。「あともうちょっとの nearly・almost」というイメージで、「ちょっと足りない」ニュアンスなので、nearly seventy percent は「70%弱（65〜69%くらい）」です（70%を超えません）。nearly finished は「ほとんど終わった（完全には終わらなかった）」です。

## 228 withdraw

[wiðdrɔ́:]

動 引っ込める・(預金を)引き出す・撤退する

**キラーフレーズ**
**withdraw** money from one's bank account
(銀行口座から現金を引き出す)

😊 with は「一緒に」のイメージが強いですが、本来は「反対して」という意味なんです（do away with 〜「〜を廃止する」などの熟語に「反対」のニュアンスが残っています）。「反対して(with)引っ張る(draw)」→「引っ込める」となりました。さらに、「お金を引っ込める」→「引き出す」、「会社が自身を引っ込める」→「撤退する」です。

REVIEW　□ traditional　□ thorough　□ lease
　　　　□ exert　□ process　□ embarrassing

## 229 withstand
[wiðstǽnd]
**動** 耐える

**キラーフレーズ**: **withstand** high temperatures
（高温に耐える）

☺「反対して(with)立つ(stand)」→「耐える」になりました。「強い向かい風に逆らって、がんばって立っている」ようなイメージです。

## 230 attract
[ətrǽkt]
**動** 引きつける
▶ attractive **形** 魅力的な（人の注意を引きつけるような）

**キラーフレーズ**: **attract** attention
（注目を集める）

☺「〜のほうへ(at)引っ張る(tract)」→「引きつける」です。atは「ビッと力強く向ける」イメージ、tractは、tractor「トラクター（農作業で引っ張る機械）」から「引っ張る」という意味がわかるかと思います。attract many applicants「多くの応募者を引きつける」のようにも使われます。

## 231 distraction
[distrǽkʃən]
**名** 気をそらすもの（注意散漫・気晴らし）

**キラーフレーズ**: Going to see a movie will be a good **distraction** from this busy project.
（映画を見に行くことはこの忙しいプロジェクトのよい気晴らしになるだろう）

☺動詞distractは「中心から離れたところへ(dis)引きつける(tract)」→「そらす」となり、名詞distractionは「注意散漫・気晴らし」です。

# Unit 08

# 一度はきちんと
# チェックしたい単語

単語帳では重視されない
「簡単だけど重要」な語句

---

この章の語句は、どれも説明を聞けば「あぁ〜!」となるものですが、試験本番で初めて見たら混乱する可能性大です。普段はあまり注目されませんが、一度はきちんとチェックしておきたい語句ばかりです。

## 232 cyclist
[sáiklist]

名 自転車に乗っている人

**キラーフレーズ**
**cyclists wearing helmets**
(ヘルメットをかぶって自転車に乗っている人たち)

☺ 文字にすると難しく見えませんが、リスニングで出る(しかもPart 1でいきなり出てくる)ので、意外と戸惑うと思います。しっかりチェックをしておきましょう。

## 233 stool
[stú:l]

名 (背のない)腰かけ

**キラーフレーズ**
**sit on a stool**
(腰かけに座る)

☺ 日本のインテリアショップでも、背もたれのない小さないすを「スツール」と表記していることがありますので、今度チェックしてみてください。

## 234 bowl
[bóul]

名 ボウル

**キラーフレーズ**
**a bowl of soup**
(スープ1杯)

☺ 易しい単語ですが、リスニングで出てくると戸惑いますので、一度チェックしておきましょう。キッチン用品で「ボウル」と言いますし、最近はハワイの朝食である「アサイーボウル」が日本でも有名です。

周回CHECK!! | 1 / | 2 / | 3 / | 4 / | 5 / | 6 / |

## 235 crew　[krúː]
**名** 作業員・乗組員

**キラーフレーズ**: a construction crew
（工事作業員）

☺日本のファストフード店などでも、アルバイト募集で「クルー募集」と書かれることがあります。

## 236 rear door
**名** 後部ドア

**キラーフレーズ**: The rear door has a dent.
（後部ドアがへこんでいます）

☺日本語でも、車の後部座席を「リアシート」と言うことが増えました。rearは「後ろの」という意味です。

## 237 company picnic
**名** （会社外での）親睦会

**キラーフレーズ**: attend the company picnic with one's family
（家族と一緒に会社の親睦会に参加する）

☺「社員と家族のために、会社の外で開かれる親睦会」のことです。

---

**REVIEW**
- □ phase
- □ potential
- □ prospective
- □ private
- □ nearly
- □ withdraw
- □ withstand
- □ attract
- □ distraction

## 238 turn to page ◯◯
**動** ◯◯ページを開く

> **Turn to page** 37 in your textbook.
> （教科書の37ページを開いてください）

☺ turnは「ページをめくる」で、toは「方向・到達」を示します。turn to page 37で「ページをめくって(turn)、37ページに到達(to)する」ということです。turn a page「ページをめくる」という言い方もチェックしておきましょう。

## 239 conference room
**名** 会議室

> have a meeting in the **conference room**
> （会議室で会議を持つ）

☺ conferenceは「会議」という意味で、日本でも会議室を「カンファレンスルーム」と呼ぶことがあります。また、conference callは「電話会議(telephone meeting)」のことで、これまた重要です。

## 240 extra
[ékstrə] **形** 余分の

> an **extra** copy
> （余ったコピー）

☺ 映画で「（メインの役者以外の）余分な人」という意味で「エキストラ」と言いますね。また最近はカフェで、飲み物に余分に(多めに)生クリームをのせることを「エキストラホイップ」と言ったりします。

## 241 down the hall
廊下の先

**キラーフレーズ** The cafeteria is just **down the hall**.
（カフェテリアは廊下の先すぐにあります）

😊 **down**は「**今いる場所から離れて**」という意味です。必ずしも「下」に向かうわけではありません。電車の「下り」も中心（都心）から離れるという意味ですね。それと同じ発想です。down the hall で「今いる場所から離れて廊下を進んでいった先」という意味です。

## 242 purchase order
名 注文書

**キラーフレーズ** send a **purchase order**
（注文書を送る）

😊 orderには「注文・注文書」という意味がありますが、その前にpurchase「購入」をつけることで、よりハッキリと「購入したいものを書いた注文書」となります。簡単に見えますが、Part 7 で出てくると意外と困ってしまう語句です。

## 243 all this way
副 はるばる

**キラーフレーズ** Thank you for coming **all this way**.
（はるばる来てくださってありがとうございます）

😊 all this wayのallは強調の役割で、「この道（this way）をわざわざ（all）」→「はるばる」となりました。

---

**REVIEW**
- □ cyclist
- □ stool
- □ bowl
- □ crew
- □ rear door
- □ company picnic

## 244 I'm afraid ～

残念ながら～

**キラーフレーズ:** **I'm afraid** he is unavailable.
（申し訳ありませんが、彼は手が離せません）

😊 I'm afraidは、言いにくいことの前につけ、表現を和らげる働きがあります。英語で言いかえると、I'm afraid he is unavailable. = I'm sorry but he is unavailable. という感じです。

## 245 cashier

名 レジ係

[kǽʃiər]

**キラーフレーズ:** give money to the **cashier**
（レジ係にお金を渡す）

😊「現金（cash）を扱う人（er）」という意味です。最近は日本のお店でも、レジにCASHIERと書かれていることが増えましたので、チェックしてみてください。

## 246 paid holiday

名 有給休暇

**キラーフレーズ:** I will use two **paid holidays** to go to Taiwan.
（台湾に行くのに、有給休暇を2日使うつもりです）

😊 paidは「給料を支払われた」→「有給」です。paid time offという言い方もあります。time offのoffは「離れた」という意味で、芸能人がよく使う「オフ（休み）」はこのoffです。

## 247 managerial experience
**名** 管理職の経験

**キラーフレーズ**
Applicants must have managerial experience.
(応募者は管理職の経験が必須です)

☺ manage「管理する」の形容詞形がmanagerialです。キラーフレーズはそのまま「求人」の話で出てきます。

## 248 mover
[mú:vər] **名** 引っ越し業者

**キラーフレーズ**
hire a mover to move to New York
(ニューヨークへ引っ越すために引っ越し業者を雇う)

☺「荷物を移動させる人」→「引っ越し業者」のことです。TOEICではオフィス移転など、引っ越しの話がよく出てきます。リスニングでは「話し手は誰?」という設問でmoverが答えになることもよくあります。

## 249 bouquet
[bu:kéi] **名** 花束

**キラーフレーズ**
a bouquet of roses
(バラの花束)

☺ 花束を「ブーケ」と言うことがありますね。もともとはフランス語なので、最後の子音(bouquet)は発音しません。余談ですが、bouquetには(TOEICには出ない意味ですが)「ほめ言葉」とか「香り」というおしゃれな意味もあるんです。

---

**REVIEW**
- turn to page ○○
- conference room
- extra
- down the hall
- purchase order
- all this way

## 250 paycheck

[péitʃèk]

名 給料支払い小切手・給料

**キラーフレーズ** **Paychecks** will be distributed on Friday.
(金曜日に給料の小切手は配られます)

☺日本のような口座振込ではなく、「**給料（pay）を小切手（check）でもらうシステム**」のことです。小切手は現金を持ち歩く必要がないので、海外では頻繁に使われます。トラベラーズチェック（旅行者用小切手）を使ったことがある人もいると思います。

## 251 We regret to inform you that ～

誠に申し訳ございませんが～

**キラーフレーズ** **We regret to inform you that** your loan application has been rejected.
(誠に申し訳ございませんが、あなたのローンの申請は受け付けできませんでした)

☺お店や銀行が、お客に言いづらいことを伝えるときの決まり文句です。regret to ～ は「～することを残念に思う」→「残念ながら～する」です。informはtell型動詞で、inform 人 that ～ の形になっています（tell型については310ページ）。

## 252 old-fashioned

[óuldfæʃənd]

形 古めかしい

**キラーフレーズ** an **old-fashioned** suit
(古めかしいスーツ)

☺fashionは「流行」や「作る」という意味でよく使われます。old-fashionedで「古く作られた」→「古めかしい」となりました。ドーナツの「オールドファッション」は「（古くから作られた）定番のドーナツ」です。

## 253 career 名 経歴

[kəríər]

**a career as an accountant**
(会計士としての経歴)

☺日本語で「キャリア」と使われますね。発音・アクセントは、Korea「韓国」と同じで、「カリア」という感じです。

## 254 sign in 動 署名して入る

**sign in to your email account**
(メールアカウントにログインする)

☺ネットでよく使われる単語ですね。**sign in = log in**です。本来は「署名(sign)して入る(in)」という意味で、sign in at the building's security office「建物の警備室で署名して入る」という、本来の使い方も大事です。

## 255 copyright law 名 著作権法

**comply with international copyright law**
(国際著作権法に従う)

☺「コピーする(copy)ときに発生する権利(right)」→「著作権」で、lawは「法律」です。copyrightは©のマークでおなじみですね。

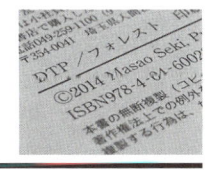

---

REVIEW
- I'm afraid ~
- cashier
- paid holiday
- managerial experience
- mover
- bouquet

## 256 imperfection 名 欠陥
[ìmpərfékʃən]

**キラーフレーズ** Items with **imperfections** may be exchanged for new ones.
（欠陥のある品物は新しいものと交換することができます）

☺ 形容詞imperfectは「perfectの反対（im）」→「不完全な」という意味で、その名詞形がimperfectionです。Part 7では「通販で買った商品に欠陥がある」という話が異常に出ますが、そのときに使われる単語です。

## 257 source 名 情報源
[sɔ́ːrs]

**キラーフレーズ** The **source** of this information is an interview with the marketing director.
（この情報のネタ元はマーケティング部長との話し合いです）

☺ 普段から「情報のソース」と言いますが、試験になると時間に追われた焦りから、sourceと「情報源」が結びつかないこともあるので、キラーフレーズでしっかりチェックしておきましょう。

## 258 flexibility 名 柔軟性
[flèksəbíləti]

**キラーフレーズ** the **flexibility** for employees to choose their own working hours
（社員が自ら勤務時間を選べる柔軟性）

☺ 「フレックスタイム」はflextimeともflexible timeとも言います。形容詞flexibleの名詞形がflexibilityです。

**周回CHECK!!** | 1 / | 2 / | 3 / | 4 / | 5 / | 6 / |

## 259 acceptance letter
**名** 採用通知

> **キラーフレーズ** get an acceptance letter from an employer
> （雇用者から採用通知が届く）

☺「あなたを会社に受け入れる(acceptance)手紙(letter)」ということです。acceptanceの動詞形はaccept「受け入れる」です。

## 260 computer literacy
**名** コンピューター操作能力

> **キラーフレーズ** As the rate of computer literacy increases, more and more people own multiple computers.
> （コンピューターの操作能力が上がるにつれて、複数のパソコンを所有する人が増えている）

☺literacyは「識字能力」で、それをコンピューターの世界に転用したのがcomputer literacyという言葉です。日本語でもそのまま「コンピューターリテラシー」と使われることもあります。

## 261 housekeeping
**名** （ホテルの）客室係

[háuskìːpiŋ]

> **キラーフレーズ** Housekeeping will finish cleaning your room in about 30 minutes.
> （客室清掃係は30分ほどでお客様の部屋の掃除を終えます）

☺「部屋(house)を綺麗な状態にキープする(keeping)人」→「客室係」です。国内のホテルでもhousekeepingという言葉を見かけます。掃除やクリーニングを受け持つ部署です。

**REVIEW**
- □ paycheck
- □ We regret to inform you that ~
- □ old-fashioned
- □ career
- □ sign in
- □ copyright law

## 262 secondhand 形 中古の
[sékəndhænd]

**キラーフレーズ** a **secondhand** watch
（中古の腕時計）

☺「2番目（second）に手が触れた（hand）」→「中古の」です。「中古の」というと、usedが有名ですが、このsecondhandもよく使われます。

## 263 grade 名 成績
[gréid]

**キラーフレーズ** one's **grades** in high school
（高校の成績）

☺「車のグレード」のように使われるので、「等級・段階」という意味は予想できるかと思います。「学業の等級・段階」→「成績」という意味に発展しました。

## 264 reminder 名 リマインダー
[rimáindər]

**キラーフレーズ** send a **reminder** about a meeting
（会議のリマインダーを送る）

☺直訳は「何かを思い出させる（remind）もの」です。日本語でも、「明日のミーティングの確認メール」や「スマホのスケジュール機能」で「リマインダー」という言葉が使われていますね。

## 265 instructions

[instrʌ́kʃənz]

名 指示・説明

**キラーフレーズ**
**give instructions about how to arrange the tables**
(テーブルをどう配置するのかを指示する)

😊「インストラクター(instructor)」から簡単に覚えられますね。「あれやこれやの指示」というニュアンスで複数形instructionsになります。TOEICの問題用紙に出てくるdirectionsも同じ意味です。

## 266 recipe

[résəpi]

名 レシピ・秘訣

**キラーフレーズ**
**a recipe for cheesecake**
(チーズケーキのレシピ)

😊「レシピ」はもはや日本語になっていますので、recipeというスペルに反応できれば問題ないでしょう。上級者は「レシピは料理の方法」→「方法・秘訣」という意味までチェックしておけば完璧です。a recipe for successで「成功の秘訣」です。

## 267 Tokyo-based

[tóukiou-bèist]

形 東京に本社がある

**キラーフレーズ**
**a Tokyo-based retailer**
(東京に本社がある小売業者)

😊 ○○-basedで「○○に本社がある」となります。Part 7 では、本社の場所が問われることも多く、設問にからむ重要な表現です。

---

**REVIEW**
- imperfection
- source
- flexibility
- acceptance letter
- computer literacy
- housekeeping

## 268 hospitality
[hɑ̀:spətǽləti]

名 おもてなし

**キラーフレーズ**
Thank you for your **hospitality**.
(おもてなしに感謝いたします)

☺ 日本でも「ホスピタリティー」と使われることがあります。the hospitality industryは「接客業」という意味です。hospital「病院」は本来「患者をもてなす場所」という意味なんです。

## 269 baked goods

名 パン・クッキー

**キラーフレーズ**
a sale on **baked goods**
(パンやクッキーのセール)

☺「焼かれた(baked)もの(goods)」→「パン・クッキー」です。試験本番でいきなり出てくると何のことかわからない単語の代表例です。「スーパーの店内放送」や「お店の広告」などで出ます。

## 270 job opening

名 職の空き

**キラーフレーズ**
have several **job openings**
(いくつかの職の空きがある)

☺「求人」に関する英文で使われる言葉です。open positionと言うこともあります。

## 271 professionalism 名 プロ意識
[prəféʃənlìzm]

**キラーフレーズ** I admire his **professionalism** in every aspect of his work.
（彼の仕事のあらゆる面におけるプロ意識を尊敬します）

☺簡単なようでいて、どういう日本語に置き換えていいかわかりづらい単語なので、一度チェックしておきましょう。「同僚の退職パーティー」や「求人広告」でよく出てくる単語です。

## 272 feedback 名 意見・感想
[fíːdbæk]

**キラーフレーズ** If possible, please give me **feedback** on my presentation.
（できることなら、私のプレゼンテーションに対する感想を教えてください）

☺feedback on ～ 「～に関する感想」という形でよく出てきます。onは「～について」という意味です。

## 273 job description
名 職務記述

**キラーフレーズ** For questions not addressed in the **job description**, please contact Jane Hoyle in HR.
（職務記述で扱われていない質問については、人事部のJane Hoyleまでご連絡ください）

☺descriptionは「説明」です。job descriptionは「**どんな仕事なのか内容を説明したもの**」です。キラーフレーズのHR(human resources)は「**人事部**」です。

---

**REVIEW**
- □ secondhand
- □ grade
- □ reminder
- □ instructions
- □ recipe
- □ Tokyo-based

## 274 browse
[bráuz]

**動** 閲覧する

**キラーフレーズ** **browse** books in a library
（図書館で本を閲覧する）

☺ もともと「牛が草を選びながら食べる」という意味で、そこから「（いろいろなものを選びながら）本をパラパラめくる・ネットを見る」となりました。ネットの「ブラウザ（browser：インターネットでホームページを見るソフト）」も、このbrowseから派生した単語です。

## 275 priority
[praiɔ́:rəti]

**名** 優先するもの

**キラーフレーズ** high **priority**
（優先事項）

☺ prior「前の・重要な」の名詞形がpriorityです。日本語でも「優先度が高い」という言い方をするときがありますが、英語でも「リストアップしたとき上にある（高い位置にある）」ことからhigh priorityと言います。

## 276 pan
[pǽn]

**名** フライパン

**キラーフレーズ** fry eggs in a **pan**
（フライパンで卵を焼く）

☺ frying panと同じ意味で「フライパン」のことです。

一度はきちんとチェックしたい単語　～単語帳では重視されない「簡単だけど重要」な語句～

# Unit 09

# もう1つの「品詞」が狙われる単語

## TOEICは「品詞」の知識を重視する

---

TOEICの特徴の1つに、「多くの人が見落としている『品詞』を問う」ことがあります。lastなら「形 最後の」ではなく「動 続く」でよく出ます。このような「意外な品詞」を持つ重要語句を一気に解説します。

## 277 last
[lǽst]

**動** 続く

**The meeting lasted for three hours.**
(会議は3時間続いた)

☺「最後の」のほかに、動詞で「続く」という意味があります。化粧品や日焼け止めのCMで「ラスティング効果(lasting)」とよく使われていますが、「化粧が続く効果」ということです。

## 278 chair
[tʃéər]

**名** 議長
**動** 議長を務める

▶ co-chair **名** 共同議長

**As the head of the department, Mr. Monteith usually chairs the meetings.**
(部長なのでMonteithさんはたいてい会議の議長を務めます)

☺サッカーなどで「チェアマン」と使われることから「議長」のイメージを持ってください。さらにTOEICでは、chairが動詞「議長を務める」で使われることも重要です。

## 279 book
[búk]

**動** 予約する

**book a flight**
(飛行機を予約する)

☺本来は「帳簿(book)に予約を書き込む」→「予約する」という意味です。「ダブルブッキング」とは「二重に予約する」ことで、bookingは動詞bookの-ing形だったわけです。

## 280 store

[stɔ́:r]

**動** 保管する

**キラーフレーズ**
**store** copy paper in the storeroom
(保管室にコピー用紙を保管する)

☺store「お店」は「商品を保管している場所」と考えてください。キラーフレーズで、storeroom「保管室」もセットで覚えておきましょう。TOEICでは、やたらとコピー用紙がなくなるシーンがありますので、こういう表現がよく出てきます。

## 281 shade

[ʃéid]

**動** 影を投げかける

**キラーフレーズ**
The tree is **shading** the sidewalk.
(木の影が歩道にかかっている)

☺かなり難しく感じるかもしれませんが、Part 1の「影が映っている写真」でよく使われます。

## 282 star

[stɑ́:r]

**動** 主役を演じる

**キラーフレーズ**
Audrey Hepburn **starred** in this film.
(Audrey Hepburnはこの映画で主役を演じました)

☺starには動詞があり、**「映画のスターになる」**→**「主役を演じる」**となりました。co-starは「共演者」です。「映画紹介」はPart 4の中でもかなり難しいジャンルですから、starのようなよく使われる単語をしっかりチェックしておきましょう。

---

**REVIEW**
- □ hospitality
- □ baked goods
- □ job opening
- □ professionalism
- □ feedback
- □ job description
- □ browse
- □ priority
- □ pan

## 283 sample 動 試食する
[sǽmpl]

**キラーフレーズ:** **sample** a new dish
（新しい料理を試食する）

☺名詞「サンプル・見本」は常識でしょうが、動詞「サンプルを作って試してみる」→「試食する」はかなり難しいですね。「料理」の話で使われます。

## 284 be carpeted 動 カーペットが敷かれている

**キラーフレーズ:** All bedrooms **are carpeted**.
（すべての寝室にカーペットが敷かれている）

☺carpetが「カーペットを敷く」という動詞で使われていることに注意してください。Part 1 の写真問題で出てきます。

## 285 sort 動 分類する
[sɔ́:rt]

**キラーフレーズ:** **sort** papers
（書類を整理する）

☺a sort of ～ は「一種の～」という意味で、**sortは「種類」→「分類する」**となりました。コピー機で1部ごとに分けて印刷することを「ソートをかける」というふうに使われています。

### 286 clear
[klíər]
**動** 片づける

**キラーフレーズ** clear the dinner table
（食卓を片づける）

☺形容詞「澄んだ・明白な」が有名ですが、動詞「きれいにする・片づける」という意味が重要です。昔からゲームで「クリアする」と使われますが、これはそのステージを「片づける」ということです。

### 287 partner with ～
**動** ～とパートナーを組む

**キラーフレーズ** partner with other companies to develop new products
（新しい製品を開発するためにほかの会社とパートナーを組む）

☺partnerが「動詞」として使われることに注意してください。Part 7 の「会社の合併」でよく使われます。

### 288 fine
[fáin]
**名** 罰金
**動** 罰金を科する

**キラーフレーズ** be fined for a parking violation
（駐車違反で罰金を取られる）

☺finishと同じ語源で、「**違反をした人が『最後に払って終わりにする』もの**」→「**罰金**」となりました。fineは「よい」の意味が有名ですが、この意味はもともと「最後まで完成して仕上がった状態」ということなんです。

**REVIEW**　□last　□book　□shade　□chair　□store　□star

## 289 forward
[fɔ́:rwərd]

副 前方に
動 転送する

**キラーフレーズ**: I will **forward** you the file when I receive it from Ms. Kishimoto.
（Kishimotoさんからファイルを受け取ったら、あなたへ転送します）

😊 サッカーの「フォワード(forward)」は「前にいる人」で、**動詞は「前に進める」**→**「メールを転送することで作業を前に進める」**となりました。ちなみに、メールの転送で表示される"Fw"はこのforwardの略です。

## 290 target
[tá:rɡət]

動 対象にする

**キラーフレーズ**: an advertising strategy **targeting** young people
（若者を対象とした広告戦略）

😊 動詞用法に注意してください。「商品をどの層に向けて作るか？」はビジネスでもっとも重要なことの1つですよね。キラーフレーズのadvertising strategyは「広告戦略」です。

## 291 double
[dʌ́bl]

動 倍に増やす

**キラーフレーズ**: **double** the number of downloads in three months
（3カ月でダウンロードの回数を倍に増やす）

😊 doubleは動詞「倍に増やす」という意味があり、実はよく使われる重要単語です。また、キラーフレーズに出てくる「ダウンロードの回数」のような今風の表現も、最近のTOEICにはよく出てきます。

周回CHECK!! | 1 / | 2 / | 3 / | 4 / | 5 / | 6 / |

## 292 staff
[stǽf]

**動** 職員を配置する

**キラーフレーズ** find candidates to staff a store that just opened
(開店したばかりの店舗に配属する候補者を見つける)

☺ "staff 場所" の形で「場所 に職員を配置する」となります。キラーフレーズのthat just openedのthatは関係代名詞で、直前のstoreを修飾しています。

## 293 understaffed
[ʌ̀ndərstǽft]

**形** 人手不足の

**キラーフレーズ** an understaffed department
(人手が足りない部署)

☺ 動詞staff「職員を配置する」にunderがついて、過去分詞形(ed)になったのがunderstaffedです。「足りない職員が配置されている」→「人手不足の」となりました。ちなみに対義語はoverstaffed「人員過剰の」です。

## 294 sponsor
[spá:nsər]

**名** スポンサー
**動** 支援する

**キラーフレーズ** sponsor a charity event
(チャリティーイベントに出資する)

☺ 名詞「スポンサー」は有名ですが、動詞の使い方もあります。「スポンサーが見つかるか?」や、「どの団体が支援してくれるのか?」は実際のビジネスでも重要であり、TOEICでもよく設問で問われます。

---

REVIEW
- □ sample
- □ be carpeted
- □ sort
- □ clear
- □ partner with 〜
- □ fine

## 295 showcase
[ʃóukèis]

**動** 展示する・披露する

**キラーフレーズ**
**showcase** an artist's works at an exhibition
(展示会で画家の作品を披露する)

☺最近は日本の展示会でもshowcaseという言葉を目にすることが増えました。名詞「展示・披露の場」は難しくないと思いますが、動詞としても使われるところがポイントです。

## 296 cook
[kúk]

**名** 調理師

**キラーフレーズ**
Three **cooks** work at this restaurant.
(このレストランには3人の調理師が勤めています)

☺昔の日本人は「コック」ととんでもない読み方をしてしまったわけですが、正しくは**「クック」**です。動詞「料理する」ばかりが浮かぶかもしれませんが、名詞「調理する人」という意味も重要です。

## 297 initial
[iníʃəl]

**形** 最初の

▶ initiate **動** 始める

**キラーフレーズ**
an **initial** investment of $50,000
(5万ドルの初期投資)

☺「イニシャル」と聞くと、T.Y. のような「名前の頭文字」が最初に浮かびますが、**本来initialとは「最初の」という意味**で、そこから「名前の最初の文字」という意味が有名になっただけなんです。

## 298 vacation

[veikéiʃən]

**動** 休暇を過ごす

**キラーフレーズ** Ms. Dubois **vacations** in the south of France for two weeks in August every year.
（Duboisさんは毎年8月に2週間、南フランスで休暇を過ごします）

☺動詞用法に注意してください。vacationのvac-は「空っぽ」という意味で、「仕事の予定が空っぽ」→「休暇（を過ごす）」になりました。ほかにも、vacuum「真空（空っぽの状態）」、vacuum cleaner「掃除機（真空状態にして吸い込む機械）」などでvac-が使われています。

## 299 vacate

[véikeit]

**動** 空ける
▶ vacant **形** 空いている
▶ vacancy **名** （ホテルの）空室

**キラーフレーズ** **vacate** an old apartment building
（古いアパートを空ける）

☺vacationのvac-「空っぽ」は、このvacateという難単語を理解するためにも使えます。vacateは「空にする」という意味で、引っ越しや修復工事の話でよく使われます。

## 300 monitor

[mάːnətər]

**動** 監視する・チェックする

**キラーフレーズ** **monitor** progress
（進捗状況をチェックする）

☺動詞としての用法は「モニターで監視する」ということです。TOEICでは、キラーフレーズのように仕事の進み具合を「監視する」場合によく使われます。

---

**REVIEW**
- □ forward
- □ target
- □ double
- □ staff
- □ understaffed
- □ sponsor

## 301 honor [á:nər]
**動** 表彰する

**キラーフレーズ**
Today we are gathered to honor Ms. Rand for her long years of service to Geoplus, Inc.
(本日われわれが集まっているのは、RandさんがGeoplus社へ長年勤務してくれたことを表彰するためです)

☺ 名詞「名誉」が有名ですが、動詞「名誉を授ける」、そして**辞書にもあまり載っていませんが「表彰する」という意味でも使われます。**リスニングでよく使われるので発音にも注意しておきましょう。先頭のhは読まず「アナー(オナー)」です。

## 302 brush [bráʃ]
**名** ブラシ
**動** 磨く

**キラーフレーズ**
brush one's teeth
(歯を磨く)

☺ そのまま発音すれば「ブラシ」となります。動詞「磨く」に注意してください。

## 303 air [éər]
**動** 放送される

**キラーフレーズ**
The movie will air on channel 12 at 9 p.m. tonight.
(その映画は12チャンネルで今日の午後9時に放映されます)

☺ 動詞で「放送される」という意味があります。ちなみに、「放送」という意味では、on (the) air「放送中」という熟語が有名ですね(このairは名詞ですが)。

## 304 land
[lǽnd]

**動** 手に入れる

**キラーフレーズ** land a contract
（契約を取る）

☺ landには「着陸する」という意味があります（機内アナウンスでlanding「着陸」で使われます）が、「手に入れる」という難しい意味もチェックしておきましょう。「**ある物に着陸する**」→「**物を手に入れる**」ということです。land a jobで「職に就く」となります。

## 305 judge
[dʒʌ́dʒ]

**名** 審査員

**キラーフレーズ** The judges will announce the winner of the photo contest on Friday.
（審査員は写真コンテストの優勝者を金曜日に発表します）

☺ 動詞「判断する」が有名ですが、名詞で「審査員」という「人」になることを強く意識してください。最近はスポーツの審判を「ジャッジ」と言うことも増えてきました。

## 306 unpack
[ʌ́npǽk]

**動** 中の物を取り出す

**キラーフレーズ** unpack one's suitcase
（スーツケースの中身を取り出す）

☺ packには動詞で「詰め込む」という意味があることに注意してください。荷造りを「パッキング（packing）」と言うので、なじみがあるかもしれませんね。その反対がunpackです。

---

REVIEW　□showcase　□initial　□vacate
　　　　□cook　　　□vacation　□monitor

## 307 unplug
[ʌ̀nplʌ́g]
**動 プラグを抜く**

**キラーフレーズ**
**unplug** an appliance
（電化製品のプラグを抜く）

☺ plugは名詞「プラグ」だけでなく、動詞「プラグを差し込む・接続する」も大事で、その反対がunplugになります。

## 308 pretty busy
**形 かなり忙しい**

**キラーフレーズ**
**pretty busy** with year-end appointments
（年末に人と会う約束でかなり忙しい）

☺「かわいい」という意味のprettyは「形容詞」です。**prettyには「副詞」で「かなり」という強調の働きがあります**（しかも会話でもよく使われる）。キラーフレーズでは、prettyがbusyという形容詞を修飾しています（形容詞を修飾するのは副詞）。したがってpretty busy全体としては、busyが中心で形容詞となります。

## 309 lower
[lóuər]
**動 減らす**

**キラーフレーズ**
**lower** expenses
（経費を削減する）

☺ low「低い」の比較級で、「より低い」という意味にもなりますが、動詞で「lowにする」→「減らす」という意味が重要です。キラーフレーズのlower expenses「経費を削減する」なんて、実際によく使われますよね。

## 310 seal
[síːl]

**動** 封をする

**キラーフレーズ**: **seal** the deal
（契約を結ぶ・調印する）

☺「シールを貼って封をする」→「調印する」です。文字通りseal an envelope「封筒に封をする」とも言いますが、TOEICではキラーフレーズのような表現が、Part 7でよく出てきます。

## 311 firm
[fə́ːrm]

**名** 会社

**キラーフレーズ**: law **firm**
（法律事務所）

☺ firmは形容詞「固い」のほかに、名詞「会社」も大事です。「固い」→「固く契約を結ぶ」→「契約を結ぶ会社」となりました。law firmは「ウチの法律事務所ではこんな仕事をやります」といった「広告」で出てきます。また、accounting firmなら「会計事務所」です。

## 312 secure
[sikjúər]

**動** 固定する・確保する

**キラーフレーズ**: **secure** a bicycle to a pole
（自転車を柱に固定する）

☺ secureは形容詞「安全な・確実な」だけでなく、動詞も大事です。「安全な」→「**安全に固定する**」となります。さらに「**（手元に）固定する**」→「**確保する**」という意味も重要で、secure financial supportで「財政支援を確保する」となります。

---

**REVIEW**
☐ honor ☐ air ☐ judge
☐ brush ☐ land ☐ unpack

## 313 face away from ～

**動** ～とは別のほうを向く

**キラーフレーズ**: **face away from** the window
（窓とは別のほうを向く）

☺faceは動詞「顔を向ける」が超重要です。この「顔を向ける」に、away from ～「から離れて」がくっつくことで、「～から顔をそむける・別の方向を向く」となります。Part 1の写真問題で出てきます。

## 314 file

[fáil]

**動** 整理保管する・提出する

**キラーフレーズ**: **file** an application
（申請書を提出する）

☺fileの動詞はかなり難しい意味になります。もともとは「ファイルに入れて保管する」という意味で、file all contracts in a drawer「すべての契約書を整理して引き出しに保管する」となります。さらに「(整理保管した書類を)提出する」という意味が生まれました。

## 315 house

[háuz]

**動** 収容する

**キラーフレーズ**: The museum's paintings are **housed** in a climate-controlled storage facility when not on display.
（美術館にある絵は、展示されないときには湿度と温度が調節された収蔵施設に収容されます）

☺houseには動詞があり、発音は「**ハウズ**」です。動詞houseは「住む」→「家の中に入れる」→「収容する」となりました。美術館の話などでよく使われます。

周回CHECK!! | 1 / | 2 / | 3 / | 4 / | 5 / | 6 / |

## 316 housing

**名** 住宅

[háuziŋ]

**キラーフレーズ** **housing** allowance
（住宅手当）

☺動詞houseが-ing形になっただけです。日本の不動産会社の名前で「○○ハウジング（housing）」と使われることも多いので、CMなどでも聞いたことがあるかもしれません。

## 317 unrivaled

**形** 比べるものがない

[ʌ̀nráivəld]

**キラーフレーズ** **unrivaled** technology
（最高の技術）

☺rivalには動詞で「ライバル視する・匹敵する」という意味があります。「ライバル（rival）にならない（un）」→「比べるものがない」という意味で、カッコよく言えば「無敵の・無双の」です。unrivaled qualityは「無敵の品質」ということです。

## 318 stress

**動** 強調する

[strés]

**キラーフレーズ** I would like to **stress** the importance of finishing the work by the deadline.
（締め切りまでに作業を終わらせることが重要だと強調しておきたいと思います）

☺本来「圧力」という意味で、そこからあまりに有名な「ストレス（精神的圧力）」、そして英単語の世界で使われる「アクセント」という意味が生まれました。TOEIC（に限らず英語を読む上）で大事なのは、動詞「強調する」です。**本来は「圧力をかける・強く押す」**ということです。

REVIEW　□ unplug　□ lower　□ firm
　　　　□ pretty busy　□ seal　□ secure

## 319 host [hóust]
**動 主催する**

**キラーフレーズ:** host a conference
(会議を主催する)

☺ 本来は「主催者・(もてなす)人」という意味です(「水商売のホスト」は本来「もてなす人」という意味です)。テレビでも「司会者」のことを「ホスト役」と言うことが増えました。TOEICでは、動詞「主催する」という意味で出てきます。

## 320 be open to the public
**動 一般に公開されている**

**キラーフレーズ:** This exhibition will be open to the public in May.
(この展示会は5月に一般公開されます)

☺ publicは、本来は形容詞「公共の」という意味ですが、theがついて名詞化され「一般の人」となりました。openは形容詞で「開いている」という状態を示します(動詞openは「開く」という動作を示します)。

## 321 volunteer to 〜
**動 進んで〜しようと申し出る**

**キラーフレーズ:** volunteer to take minutes
(進んで議事録を取ると申し出る)

☺ volunteerは名詞「ボランティア」という意味でも使われますが、注意すべきは、動詞「進んで〜する」で、さらによくto不定詞と一緒に使われます。to不定詞は「未来志向(これから〜する)」なので、volunteerの意味と相性がよいのです。

Unit
# 10

# TOEIC常連の難単語

「こんなの出るの?」
という重要語句

───

この章の語句は「こんな難しい単語、TOEICに出るの?」と言われそうなものばかりですが、実際はものすごく出ます。試験後に「あの単語がわからなかった」と落ち込まずに済むよう、ここで一気にチェックしましょう!

## 322 proceeds
[próusi:dz]

名 収入

▶ proceed 動 進む

**キラーフレーズ**
**Proceeds** from the concert will be donated to charity.
（コンサートの売上金は慈善事業に寄付されます）

☺ proceedには動詞で「進む」という意味があります。本来「前進する」という意味で、「**企業が前進する**」→「**利益を上げる**」→「**収入**」となりました。収入がたくさんあるイメージから複数形proceedsで使われます。TOEICの最重要単語の1つです。

## 323 garment
[gá:rmənt]

名 衣服

**キラーフレーズ**
dry-clean a **garment**
（衣服をドライクリーニングする）

☺「体を保護する（gar）もの」→「衣服」となりました。gar-は「保護する」で、guard「保護する」の語源にもなっています。また、garage「車庫」は「車を保護するもの」という意味なんです。ちなみにキラーフレーズのdry-cleanは動詞として使われています。

## 324 attire
[ətáiər]

名 衣服

**キラーフレーズ**
formal business **attire**
（フォーマルなビジネススーツ）

☺「衣服」という意味だけで十分ですが、細かいことを言うと「きちんとした服装」に使われます。ネットでattireを画像検索すると、ビシッと決めた外国人の写真ばかり出てきます。

周回CHECK!!  1 /  2 /  3 /  4 /  5 /  6 /

## 325 reflection
[riflékʃən]

名 映った像

**キラーフレーズ**
**look at one's reflection**
(鏡に映った自分の姿を見る)

☺ 動詞reflectは「反射する・映す」で、名詞形がreflection「(鏡などに)映った像・影」です。Part 1 の写真問題で使われる単語です。

## 326 unload
[ʌnlóud]

動 (荷物を)降ろす

**キラーフレーズ**
**unload the merchandise**
(商品を降ろす)

☺ loadは「荷物を積む」という意味で、その反対がunloadです。Part 4 で「荷物を降ろすトラックが止められないから、そこに止めた車は移動してください」という店内アナウンスがよく出ます。

## 327 malfunction
[mælfʌ́ŋkʃən]

名 故障

**キラーフレーズ**
**mechanical malfunction**
(機械の不具合)

☺ 機械の不具合はTOEICの「あるある」なので、よく出てきます。mal-は「悪い」という意味です。TOEICには出ませんが、malaria「マラリア(蚊が媒介する感染症)」で使われています。「悪い(mala)空気(aria)」という意味なんです。

---

**REVIEW**
- □ face away from ~
- □ file
- □ house
- □ housing
- □ unrivaled
- □ stress
- □ host
- □ be open to the public
- □ volunteer to ~

## 328 inclement
[inklémənt]

形 荒れ模様の

**キラーフレーズ** be delayed due to **inclement** weather
（悪天候のため遅れる）

☺ 間違いなくinclement weather「悪天候」という形で出ます。TOEICでは飛行機が遅れる話は超頻出で、その原因はinclement weatherもしくはmechanical malfunction「機械の故障」(143ページ)です。

## 329 railing
[réiliŋ]

名 柵・手すり

**キラーフレーズ** hold on to the **railing**
（手すりをつかむ）

☺ なじみのない単語ですが、Part 1ではやたら出ます。「レール状(rail)の柵・縁」という意味で、階段の横にある「柵のようなもの・縁にあるもの」→「手すり」となりました。

## 330 lean over ～
動 ～から身を乗り出す

**キラーフレーズ** **lean over** a railing
（手すりから身を乗り出す）

☺ leanは「もたれかかる」が有名ですが、lean over ～は、overが「上から覆って」で、「～から身を乗り出す」となります。

周回CHECK!! | 1 / | 2 / | 3 / | 4 / | 5 / | 6 / |

## 331 wring [ríŋ]
**動** しぼる

**キラーフレーズ** **wring** a wet towel
(ぬれたタオルをしぼる)

😊タオルをぎゅっとしぼるイメージの単語です。日常語でありながら、この単語はかなりの上級者向けです。wr-は「ねじれ」という意味があり、wrinkleは「肌のねじれ」→「しわ」、wrongは「正しさからのねじれ」→「間違った」という意味なんです。

## 332 cupboard [kʌ́bərd]
**名** 食器棚

**キラーフレーズ** put dishes in the **cupboard**
(皿を食器棚にしまう)

😊発音に注意してください。日本のインテリアショップでは「カップボード」と表記されていますが、正しくは「**カバァド**」です。当然リスニングですごく重要です。

## 333 hose [hóuz]
**名** ホース

**キラーフレーズ** spray water from a **hose**
(ホースから水をまく)

😊このような日常単語はPart 1で出るのですが、意外に知らないものですからしっかりチェックを。発音が大事で、「ホース」ではなく「**ホウズ**」です。

---

**REVIEW** □proceeds □garment □attire □reflection □unload □malfunction

## 334 curb

**名** 縁石

[kə́ːrb]

**キラーフレーズ**
be waiting by the curb
（縁石のそばで待っている）

☺ Part 1 の街中の写真でよく出てくる単語です。正直、この単語が実際どう役立つのかわかりませんが、TOEIC では超重要単語ですので必ずチェックを。

## 335 courier

**名** 宅配業者

[kə́ːriər]

**キラーフレーズ**
deliver a document by courier
（宅配業者を使って書類を届ける）

☺ ビジネスでは緊急で書類を届けなければならないことがあり、そのとき使う宅配業者を courier と言います。Part 3 で「どの courier が一番よいか？」という話題でよく出ます。

## 336 sneeze

**動** くしゃみをする

[sníːz]

**キラーフレーズ**
sneeze loudly
（大きな音を出してくしゃみをする）

☺ sn- という単語は「鼻」に関するものが多いんです。たとえばアラームの「スヌーズ機能」で使われる snooze「居眠りする」という単語も、居眠りしながら鼻を"ZZZ……"というイメージです。sneeze は「鼻がムズムズする感じ」→「くしゃみをする」です。

周回CHECK!!　1 ／　2 ／　3 ／　4 ／　5 ／　6 ／

## 337 drowsiness

[dráuzinəs]

名 眠気

▶ drowsy　形 眠気を誘う

**This medicine may cause drowsiness.**
(この薬を飲むと眠くなることがあります)

☺形容詞drowsy「眠気を誘う」は「ドラウズィ……」という「けだるくどよ～んとした感じ」の発音で、その名詞形がdrowsinessです。リスニングでよく出るのは、「薬局(pharmacy)で『薬が眠気を誘うから運転に注意するように』と言われる」パターンです。

## 338 excerpt

[éksəːrpt]

名 抜粋

**an excerpt from a magazine article**
(雑誌の記事からの抜粋)

☺「外に(ex)切り抜いたもの」→「抜粋」という意味で、Part 7 の設問文でも使われています。普段は目にしなくても、英語の資格試験では多用される「試験単語」と言えます。

## 339 crate

[kréit]

名 (配送用の)木箱

**be stacked in crates**
(木箱に入れられて積み上げられている)

☺TOEICでは大事な単語です。何でも段ボールに入れる日本と違い、海外ではcrateに野菜を入れることもあります。たとえばa crate of lettuceは「木箱に入ったレタス」です。

REVIEW: □ inclement　□ lean over ～　□ cupboard　□ railing　□ wring　□ hose

## 340 itinerary
[aitínərèri]
名 旅程(表)

**キラーフレーズ** an itinerary for a business trip
(出張のスケジュール)

☺「旅行の日程」で、「移動手段のスケジュール」や「旅行中の予定(いつ何を見物するか？)」のことです。海外旅行のパンフレットや予定表にitineraryと書かれていることもよくありますので、機会があれば探してみてください。

## 341 patronage
[pǽtrənidʒ]
名 (店への)ひいき・愛顧

**キラーフレーズ** We appreciate your patronage.
(日頃のご愛顧に心より感謝いたします)

☺昔のヨーロッパの芸術家を経済的に支援した「後援者」を「パトロン」と言います。ここからpatronは「店やホテルを後援する人」→「顧客」となりました。キラーフレーズは、店内放送などでそのまま使われます。appreciateは「感謝する」という意味です。

## 342 dock
[dάːk]
動 (船を)埠頭につける

**キラーフレーズ** A boat is docked.
(ボートが埠頭につけられている)

☺Part 1 の「港の写真」で出ます。dockを-ing形にするとdocking「ドッキング」で、**船を埠頭にドッキングさせる(くっつける)** と考えれば一発で覚えられるでしょう。

TOEIC常連の難単語 〜「こんなの出るの？」という重要語句〜

周回CHECK!! | 1 / | 2 / | 3 / | 4 / | 5 / | 6 / |

## 343 be propped against 〜

動 〜に立てかけられている

**キラーフレーズ** A bicycle **is propped** up **against** the pole.
（自転車が柱に立てかけられている）

☺propは本来「支える」という意味です（マニアックな知識ですが、ラグビーでスクラムを支えるポジションを「プロップ」と言います）。againstは「〜に対して」です。キラーフレーズのようにbe proppedの後にupが入ることもあります。

## 344 turnover

名 離職

[tá:rnòuvər]

**キラーフレーズ** employee-**turnover** rate
（離職率）

☺動詞turn overは「ひっくり返る」という意味で、その名詞形がturnover「転覆・回転」です。「**回転**」→「**入れ替わること**」→「（社員が入れ替わる）**離職**」と発展しました。

## 345 waterfall

名 滝

[wá:tərfɔ̀:l]

**キラーフレーズ** a high **waterfall**
（高い滝）

☺「水（water）が落ちる（fall）」→「滝」です。そのまんまですね。Part 1 の「水辺」に関する写真は難問が多いので、このような普段は使わない単語もしっかりチェックしておきましょう。

REVIEW
□ curb　　□ sneeze　　□ excerpt
□ courier　□ drowsiness　□ crate

## 346 stepladder
[stépl&aelig;dər]
**名** 脚立

**キラーフレーズ** stand on a stepladder
（脚立の上に立つ）

☺ladderは「はしご」という意味で、stepladderもはしごの一種の「脚立」となります。Part 1 の写真問題で使われる単語です。

## 347 utensil
[ju(:)ténsl]
**名** 用具

**キラーフレーズ** eating utensils
（食器）

☺utilize「利用する」と語源が同じで、「利用できる・役立つもの」という意味です。特に、ナイフ・フォーク・スプーンなどを指すときに使われます。

## 348 tracking number
**名** 追跡番号

**キラーフレーズ** find a package using a tracking number
（追跡番号を使って小包を見つける）

☺trackは「跡」→「跡を追跡する」という意味で、ネットショッピングで買ったものが届かないときにtracking numberが使われます。キラーフレーズのusing a tracking numberの部分は「追跡番号を使って」という「分詞構文（〜しながら）」です。

**周回CHECK!!** | 1 / | 2 / | 3 / | 4 / | 5 / | 6 / |

## 343 be propped against ～

動 ～に立てかけられている

**キラーフレーズ** A bicycle **is propped** up **against** the pole.
（自転車が柱に立てかけられている）

😊 propは本来「支える」という意味です（マニアックな知識ですが、ラグビーでスクラムを支えるポジションを「プロップ」と言います）。againstは「～に対して」です。キラーフレーズのようにbe proppedの後にupが入ることもあります。

## 344 turnover

名 離職

[tə́ːrnòuvər]

**キラーフレーズ** employee-**turnover** rate
（離職率）

😊 動詞turn overは「ひっくり返る」という意味で、その名詞形がturnover「転覆・回転」です。「**回転**」→「**入れ替わること**」→「**(社員が入れ替わる)離職**」と発展しました。

## 345 waterfall

名 滝

[wɑ́ːtərfɔ̀ːl]

**キラーフレーズ** a high **waterfall**
（高い滝）

😊 「水(water)が落ちる(fall)」→「滝」です。そのまんまですね。Part 1 の「水辺」に関する写真は難問が多いので、このような普段は使わない単語もしっかりチェックしておきましょう。

---

REVIEW
- curb
- courier
- sneeze
- drowsiness
- excerpt
- crate

## 346 stepladder
[stéplædər]

**名** 脚立

**キラーフレーズ** stand on a stepladder
（脚立の上に立つ）

☺ladderは「はしご」という意味で、stepladderもはしごの一種の「脚立」となります。Part 1 の写真問題で使われる単語です。

## 347 utensil
[ju(:)ténsl]

**名** 用具

**キラーフレーズ** eating utensils
（食器）

☺utilize「利用する」と語源が同じで、「利用できる・役立つもの」という意味です。特に、ナイフ・フォーク・スプーンなどを指すときに使われます。

## 348 tracking number

**名** 追跡番号

**キラーフレーズ** find a package using a tracking number
（追跡番号を使って小包を見つける）

☺trackは「跡」→「跡を追跡する」という意味で、ネットショッピングで買ったものが届かないときにtracking numberが使われます。キラーフレーズのusing a tracking numberの部分は「追跡番号を使って」という「分詞構文（〜しながら）」です。

## 349 on the premises
副 敷地内で

**キラーフレーズ**
**Smoking is not allowed on the premises.**
(敷地内は禁煙です)

☺premiseはもともと「前提」という意味で、「物件を紹介するときに当然のように(前提として)ついてくる土地」→「敷地」となりました。必ずon the premisesという形で使われます。

## 350 wildlife
[wáildlàif]
名 野生動物

**キラーフレーズ**
**wildlife protection**
(野生動物保護)

☺「野生(wild)に住む生物(life)」という意味です。lifeには「人生・生活」以外に、**「生命・生物」という重要な意味があります。**Part 7 の「野生動物保護のためのイベント」や「野生動物専門の写真家」の話でよく使われます。

## 351 seasoned
[síːznd]
形 経験豊かな

**キラーフレーズ**
**a seasoned journalist**
(経験豊かなジャーナリスト)

☺season「季節」は誰でも知っていますね。**実は動詞もあって「味つけをする」という意味です。**本来は「季節ごとに旬の味つけをする」という意味でした。seasonedは「(人に)味つけをされた」→「いろいろな経験を与えられた」→「経験豊かな」になりました。

---

**REVIEW**
□ itinerary  □ dock  □ turnover
□ patronage  □ be propped against 〜  □ waterfall

## 352 outing
[áutiŋ]

名 遠出・遠足

**キラーフレーズ** My section is planning an **outing** to the mountains in August.
(うちの課は8月に山に出かける計画をしています)

☺ outは副詞・前置詞があまりにも有名ですが、動詞「外出する」もあり、それに-ingがついたのが名詞outingです。picnicやhikingと同じ意味です。

## 353 fleet
[flíːt]

名 （運送会社が保有する）全車両

**キラーフレーズ** The Chicago Transit Authority has a bus **fleet** of over 2000 vehicles.
(シカゴ交通局は、2000台以上ものバス車両を保有しています)

☺ もともと「艦隊」という意味でしたが、それが一般にも転用され、「車・飛行機」を指すようになりました。

## 354 valuables
[væljuəblz]

名 貴重品

**キラーフレーズ** put one's **valuables** in a safe
(貴重品を金庫に入れる)

☺ valuableは形容詞「貴重な」が有名ですが、TOEICでは名詞「貴重品」も重要です。TOEICに限らず海外旅行中もホテルなどで見かける単語です。財布・時計・指輪など複数あるのが普通なので、valuablesと複数形で使います。

Unit 11

# 絶対に知っておきたい「基本単語」①

キラーフレーズ&解説で確実に覚えたい語句

---

この章で取り上げるのは、TOEICを受ける人であれば、誰でも必ず知っておきたい単語です。知っているものが多い人も、キラーフレーズと解説をきっちり確認してください。必ず新たな発見があります。

## 355 via

[váiə]

前 〜によって

**キラーフレーズ**
**via** e-mail
（Eメールで）

☺本来は「道（を通って）」→「〜経由で・〜によって」となりました。ちなみに、「トリビア（trivia）」は「旅人が3つの（tri：トリオ）道（via）で交わした情報」→「雑学」ということなんです。

## 356 beneath

[biníːθ]

前 〜の下に

**キラーフレーズ**
I found my wallet **beneath** my desk.
（机の下で財布を見つけた）

☺beneathの-neathは「下」という意味です。Netherlands「オランダ」も同じ語源で、「下にある（Nether）土地（lands）」という意味なんです。中学の地理の時間に「オランダは低地にある」と習うのですが、それが国名に表れているわけです。

## 357 concerning

[kənsə́ːrniŋ]

前 〜に関する

**キラーフレーズ**
I have a question **concerning** your return policy.
（返品条件について質問があります）

☺concerning = aboutです。Part 5で問われることがよくある重要な前置詞です。もともとは分詞構文（だから-ingで終わっている）なのですが、もはや辞書にも前置詞として載っています。

## 358 contrary to 〜
前 〜に反して

**Contrary to** journalists' expectations, the president didn't talk about the company's new products.
(記者の期待に反して、その社長は会社の新商品について話さなかった)

☺contrary to 〜 で1つの「前置詞」のように使います。キラーフレーズのように、**Contrary to 〜, SV.**「〜に反して、SVだ」という形でよく使われます。

## 359 according to 〜
前 〜によると・〜に従って  ▶ accordingly 副 それに応じて

go **according to** plan
(計画に従って進む)

☺according to the weather forecast「天気予報によれば」とよく使われますが、キラーフレーズの「〜に従って」も重要です。accordingはもともと「くっついた・一致した」の意味で、「情報源にくっついた」→「〜によると」、「経過などにくっついた」→「〜に従って」となりました。

## 360 prior to 〜
前 〜より前に

**Prior to** joining the company, John worked at a bank.
(入社前は、Johnは銀行に勤めていました)

☺このtoは「〜より」という意味で、thanではなくtoをとる特殊な熟語です(文法では「ラテン比較級」と呼ばれ、ローマ帝国の公用語だった「ラテン語」を起源にした熟語です)。このtoは前置詞なので、後ろには名詞か動名詞(キラーフレーズではjoining)がきます。

**REVIEW**
- □ stepladder
- □ utensil
- □ tracking number
- □ on the premises
- □ wildlife
- □ seasoned
- □ outing
- □ fleet
- □ valuables

## 361 adjust
[ədʒʌ́st]
動 調節する

**キラーフレーズ**
**adjust** the volume
(音量を調節する)

☺ adjustは「justにする」→「調節する」という意味です。家具や家電など「調節するもの」を「アジャスター(adjuster)」と言います。

## 362 inspect
[inspékt]
動 検査する
▶ inspection 名 検査

**キラーフレーズ**
**inspect** the plumbing in the building
(建物の配管を検査する)

☺「中を(in)見る(spect)」→「検査する」です。-spectには「見る」という意味が含まれ、spectator「観客」などに使われています。名詞形inspection「検査」も頻出で、routine inspections「定期検査」のように使われます。

## 363 in advance
副 事前に

**キラーフレーズ**
Thank you **in advance** for your cooperation.
(ご協力のほど、お願いいたします)

☺ advanceは「前進」という意味で、見出し語の形でよく使われます。キラーフレーズの直訳は「前もってご協力に感謝します」で、何かをお願いするときに、「まだご協力はいただいてないけど、先にお礼を」という発想です。

## 364 inconvenience 名 不便
[ìnkənvíːnjəns]

**キラーフレーズ** I'm sorry for the inconvenience.
（ご不便をおかけして申し訳ございません）

😊「便利さ(convenience)の反対(in)」→「不便」です。キラーフレーズのI'm sorry for 〜 は「〜を理由に申し訳なく思う」です。

## 365 hang 動 かかる・かける
[hǽŋ]

**キラーフレーズ** A painting is hanging on the wall.
（1枚の絵が壁にかかっている）

😊「ハンガー(hanger)」は「服をかけるもの」ですね。変化はhang-hung-hungです。Part 1 の写真問題でよく使われる単語です。

## 366 qualify 動 資格を与える・適任とする
[kwάːləfài]

**キラーフレーズ** be qualified in several areas
（複数の分野で資格を持っている）

😊qualifyはquality「質」と語源が同じで、**「何らかの質があると認める」→「資格を与える」**となりました。be qualified「資格を与えられている」→「資格を持っている」という受動態でよく使われます。なお、必ずしも公的な資格である必要はなく、「適任とする」という意味もあります。

---

**REVIEW** □ via　　　□ concerning　　　□ according to 〜
　　　　　□ beneath　□ contrary to 〜　□ prior to 〜

## 367 survey
[名 sə́rvei ; 動 sərvéi]

**名** 調査
**動** 調査する

**キラーフレーズ**
customer satisfaction survey
（顧客満足度調査）

😊「上から(sur)見る(vey=view)」→「見渡す・調査する」となりました。sur-「上」は、survive「生き延びる（上を生きる）」やsurface「表面」で使われています。conduct a survey「調査する」の形でもよく使われます。

## 368 identification
[aidèntəfikéiʃən]

**名** 身分証明書

**キラーフレーズ**
provide photo identification
（写真つきの身分証明書を提示する）

😊「身分証明書」を表す「IDカード」とは、identification cardのことです。employee identification cardなら「社員証」です。「セキュリティーのため、建物に入るときにはemployee identification cardが必要」という話でよく使われます。

## 369 expense
[ikspéns]

**名** 出費

**キラーフレーズ**
travel expenses
（出張経費）

😊 形容詞のexpensive「高価な」は有名ですが、その名詞形がexpenseです。expense自体は「出費」という意味で、expensiveは「出費がかさむ」→「高価な」となったわけです。

周回CHECK!!　| 1 / | 2 / | 3 / | 4 / | 5 / | 6 / |

## 370 operation
[à:pəréiʃən]
名 営業・操作

**キラーフレーズ**: hours of operation
（営業時間）

☺動詞operateには「働く」という意味を中心に、「営業する・操作する・手術する」など、いろんな意味があります。名詞形operationのたくさんの意味の中でTOEICによく出るのは、Part 1 で「**(機械の)操作**」、Part 4・Part 7 の「店の宣伝」では**hours of operation**「**営業時間**」です。

## 371 valid
[vǽlid]
形 有効な

**キラーフレーズ**: be valid for 30 days from the date of issue
（配信日から30日間有効）

☺value「価値」と関連があり、「まだ期限内で価値がある」→「有効な」という意味です。また、goodにも同じ「有効な」という意味があり、Good until 5 Julyなら「7月5日まで有効」という意味です。キラーフレーズのthe date of issueは「配信日」です。

## 372 sign
[sáin]
名 標識・目印・兆候

**キラーフレーズ**: follow the signs
（標識に従う）

☺何となく「サイン」と訳しがちなのですが、いざ試験本番になるとピンとこないことがよくあります。**signは本来「何かを示すもの」という意味**で、「標識・目印・兆候」という意味になります。

REVIEW ☐adjust ☐in advance ☐hang
☐inspect ☐inconvenience ☐qualify

## 373 line up
**動** 一列に並べる

**People are lined up.**
(人々は一列に並んでいる)

☺ lineが動詞で使われています。キラーフレーズのbe lined upは「並べられている」→「並んでいる」となります。

## 374 examine
**動** 調べる

[iɡzǽmən]

**examine a document**
(書類を検討する)

☺ 名詞のexamination「試験」は、本来「学力を調べるもの」という意味で、その動詞形がexamineです。また、have one's eyes examinedで「(眼科医に)目を診てもらう」という意味になります。

## 375 crowded
**形** 混雑した

[kráudid]

**a crowded airport terminal**
(混雑した空港ターミナル)

☺ crowdには名詞「人混み」と、動詞「場所に群がる・押しかける」という意味があります。人 crowd 場所. を受動態にすると、場所 is crowded with 人. になり、ここからcrowdedは「人に押しかけられた」→「混雑した」という意味が生まれました。

## 376 repair
[ripéər]

**名** 修理
**動** 修理する

**キラーフレーズ** repair a flat tire
（パンクを修理する）

😊 repairの-pairは、prepare「用意する」と同じ語源で、「再び(re)用意する(pair)」→「修理する」となりました。

## 377 put away
**動** 片づける

**キラーフレーズ** put a projector away after using it
（プロジェクターを使った後に片づける）

😊 「離れたところに(away)置く(put)」→「片づける」となりました。キラーフレーズのようにput 〜 awayと目的語を挟むこともよくあります（目的語が代名詞の場合、put it awayのように「必ず」挟まないといけません）。

## 378 throw away
**動** 捨てる

**キラーフレーズ** throw old papers away
（古い書類を捨てる）

😊 「離れたところに(away)投げる(throw)」→「捨てる」となりました。put awayは、きちんと「置く」ので「片づける」ですが、throw awayは「投げ捨てる」わけです。

---

REVIEW
- □ survey
- □ identification
- □ expense
- □ operation
- □ valid
- □ sign

## 379 wrap [rǽp]
**動** 包む

**キラーフレーズ：** **wrap** a present
（プレゼントを包む）

😊「ラッピング（wrapping）」とは「プレゼントを包むもの」です。wrapの反対は、unwrapで、「包みを開ける」という意味です。こちらもぜひチェックしておきましょう。

## 380 go upstairs
**動** 階段を上がる

**キラーフレーズ：** **go upstairs** to go to bed
（寝るために上の階へ行く）

😊 stairsは「階段」という意味です。upstairsには名詞（上の階）、形容詞（上の階の）もありますが、**一番大事、かつミスしやすいのが、副詞（上の階へ）**です。副詞なので、go upstairsとします。反対はdownstairs「下の階へ」です。

## 381 luggage [lʌ́gidʒ]
**名** 荷物（一式）

**キラーフレーズ：** put **luggage** in the trunk
（車のトランクに荷物を入れる）

😊 車のCMで、荷物スペースを「広いラゲッジルーム」と言うことがあります。このluggageは本来「荷物一式」という意味で、いちいち数えない（不可算名詞扱い）というのが、昔のTOEICではよく狙われました（最近は出ませんが念のため）。

## 382 as far as I know
**副** 私の知る限りでは

**キラーフレーズ**
**As far as I know**, the meeting isn't canceled.
(私の知る限りでは会議はキャンセルされていません)

☺ as far asは従属接続詞で、As far as sv, SV.「svする限りは、SVだ」という形で使われます。as far as I knowという熟語以外によく使われるのは、as far as I'm concerned「私に関する限りは」です。

## 383 district
**名** 地区
[dístrikt]

**キラーフレーズ**
commercial **district**
(商業地区)

☺ Part 7 のホテルの広告などで「commercial districtにあるので便利だ」といった内容で出てきます。ちなみに、commercialは「コマーシャル(CM)」の意味が有名ですが、形容詞で「商業の」という意味で重要です。

## 384 commerce
**名** 商業
[ká:mərs]

**キラーフレーズ**
chamber of **commerce**
(商工会議所)

☺ 383番で解説したcommercialの名詞形がcommerceです。一時期、e-commerce「ネット上の通信販売」という単語がよく使われました(最近は当たり前すぎてあまり見かけませんが)。キラーフレーズのchamber of commerce「商工会議所」もよく出ます。chamberは「部屋・会議所」です。

REVIEW
☐ line up      ☐ crowded    ☐ put away
☐ examine      ☐ repair     ☐ throw away

## 385 round-trip ticket

名 往復チケット

**キラーフレーズ**
a **round-trip ticket** to London
(ロンドンへの往復チケット)

😊 round-tripは「往復旅行」という意味です。roundは「グルっと回ってくる」イメージです。リスニングの「駅での会話」で、「片道切符(one-way ticket)がいいか、往復チケットがいいか」という話の中で出てきます。海外旅行でもよく使われます。

## 386 departure

[dipá:rtʃər]

名 出発

▶ depart 動 出発する

**キラーフレーズ**
delay a **departure**
(出発を延期する)

😊 空港に行けば、あちこちで目に入る単語です。実際の空港ではdeparture time「出発時刻」が一番気になりますが、TOEICの問題でも、出発が遅れ、departure timeの変更がよく出ます。

## 387 coworker

[kóuwə̀:rkər]

名 同僚

**キラーフレーズ**
go to dinner with a **coworker**
(同僚と一緒に外食をする)

😊 「一緒に(co)働く人(worker)」です。co-は「一緒に」という意味で、たとえばcollaboration「コラボレーション・協力」は、「一緒に(co)労働(labor)すること」です。

## 388 broadcast

[brɔ́ːdkæst]

動 放送する

**キラーフレーズ**
**broadcast** a TV program
(テレビ番組を放送する)

😊「世間に広く(broad)電波を投げる(cast)」→「放送する」となりました。castは「投げる」で、「ニュースを世間に投げる人」をnewscasterというわけです。

## 389 division

[divíʒən]

名 分割・部

**キラーフレーズ**
sales **division**
(営業部)

😊 アメリカのプロバスケットボールNBAのチームは「地域ごとに分割されて」試合をします。分割された地区をdivisionと呼んでいます。大きなものを「分割したもの」がdivisionのイメージです。

## 390 come up with ～

動 ～を考え出す

**キラーフレーズ**
**come up with** three alternatives
(3つの代案を考え出す)

😊「よいアイデアがやってきて(come up)、頭の中でそのアイデアを所有する(with)」→「考え出す」となります。upは「頭の中にポンッと浮かび上がる」イメージです。

---

REVIEW
- □ wrap
- □ go upstairs
- □ luggage
- □ as far as I know
- □ district
- □ commerce

## 391 applicant

[ǽplikənt]

**名** 応募者

> **キラーフレーズ**
> **Applicants** are asked to send their résumés to job@company.com.
> (応募者はjob@company.comまで履歴書をお送りください)

☺「仕事に応募した(apply)人」という意味です。「求人広告」で必ず使われる単語です。同じ「応募者」という意味でcandidateもチェックしておきましょう。

## 392 ballroom

[bɔ́ːlrùːm]

**名** 宴会場

> **キラーフレーズ**
> hold the reception in the hotel's **ballroom**
> (ホテルの宴会場で宴会を開く)

☺ballには「舞踏会」という意味があります(ちなみにballet「バレエ」と語源が同じなんです)。ですから**ballroomは本来「舞踏会をする広い部屋」→「宴会場」**となりました。これに関連して、banquet「宴会」という単語もチェックしておきましょう。banquet roomで「宴会場」です。

## 393 make sure

**動** 確かめる

> **キラーフレーズ**
> **make sure** the door is locked
> (ドアの鍵がかかっていることを確認する)

☺makeの直後に形容詞sureがくる非常に珍しい形です。意味はそのまま「確実な状態を作る」です。ちなみに、2006年にTOEICの形式が変わる以前、「(×) make it sureにはならない(itが不要)」という問題がよく出ていました(今では出ませんが念のため)。

**周回CHECK!!** | 1 / | 2 / | 3 / | 4 / | 5 / | 6 / |

## 394 participant
[pɑːrtísəpənt]
**名** 参加者

**キラーフレーズ** workshop participants
(研修会の参加者)

☺ 動詞participate「参加する」から派生したのが、participantです。attendee「出席者」と同じような意味ですが、participantのほうは、単にそこにいるだけでなく、何かに取り組む積極的なイメージがあります。

## 395 feel free to 〜
**動** 自由に〜する

**キラーフレーズ** Feel free to ask questions at any time during the presentation.
(プレゼン中はいつでも自由に質問してください)

☺ 直訳は「〜するのに自由を感じる」で、前から訳して「自由に〜する」となります。キラーフレーズはリスニングでそのまま使われます。

## 396 A as well as B
Bだけでなく A も

**キラーフレーズ** advertise on the radio as well as on TV
(テレビだけでなくラジオでも広告をする)

☺ あくまでAがメインで、Bがおまけです。イメージとしては、A (as well as B) のような感じです。キラーフレーズは、on the radio (as well as on TV) という感じで、重点は「ラジオ」にきます。

---

**REVIEW**
☐ round-trip ticket ☐ coworker ☐ division
☐ departure ☐ broadcast ☐ come up with 〜

## 397 fare
[féər]

**名** 運賃

> The subway **fare** from Ginza to Shimbashi is 170 yen.
> （銀座から新橋までの地下鉄の運賃は170円です）

😊 海外に行くと、よく目にする単語です。日本の電車・バス・タクシーでも車内や切符売り場にfareという単語が書かれています。

## 398 When it comes to 〜
〜のことになると

> **When it comes to** contracts, I always ask Mr. Donovan for advice.
> （契約のことなら、私はいつも Donovan さんにアドバイスを求めます）

😊 ここでのitは「状況・話題」を指し、「**話題（it）が〜のところにやってくる（come to 〜）ときは（when）**」→「〜の話題になると」となります。このtoは前置詞なので、直後には名詞・動名詞(-ing)がきます。

## 399 please
[plíːz]

**動** 喜ばせる・満足させる

> We are **pleased** with the gardening work you did for us.
> （あなたがやってくれた庭の手入れに満足しています）

😊「喜ばせる・満足させる」です。間違っても「喜ぶ・満足する」ではないので注意してください。**英語の感情動詞はほとんどが「〜させる」になります**。be pleasedの形で「喜ばされる・満足させられる」→「喜ぶ・満足する」となります。withは「関連（〜に関して）」です。

## 400 dissatisfy

[dissǽtəsfài]

**動** 不満に思わせる

**キラーフレーズ** I hope you are not dissatisfied with the results.
(あなたが結果に不満でないといいのですが)

☺satisfy「満足させる」の反対がdissatisfyです。**be dissatisfied with 〜「〜を不満に思う」**の形でよく使われます。前のページのbe pleased with 〜と同様、withは「関連のwith」です。

## 401 thrill

[θríl]

**動** すごく楽しませる

**キラーフレーズ** be thrilled at the good news
(よい知らせにとても喜ぶ)

☺誤解している人も多いのですが、thrillは**「テンション超上がるくらい楽しい」**というイメージです。ハリウッドスターが、インタビューで渋谷などをthrillingだとよく言っています。

## 402 impress

[imprés]

**動** 感動させる

**キラーフレーズ** be impressed by his insight
(彼の洞察力に感銘を受ける)

☺「心の中に(im)よい印象を押しつける(press)」→「感動させる・感銘を与える」となります。

---

**REVIEW** □applicant □ballroom □make sure □participant □feel free to 〜 □A as well as B

## 403 exhaust
[igzɔ́ːst]
**動** 疲れさせる

**キラーフレーズ**
He is **exhausted**.
（彼は疲れ切っている）

☺ 本来「徹底的に使う」という意味で、「体力を徹底的に使う」→「疲れさせる」となりました。ex-は「外に」という意味で、「外にエネルギーを出しきった」イメージです。

## 404 exhaustive
[igzɔ́ːstiv]
**形** 徹底的な

**キラーフレーズ**
an **exhaustive** search
（徹底的な調査）

☺ 403番の動詞exhaust「疲れさせる」との関係がわかりにくいだけに難しく感じますが、exhaustの本来の意味「徹底的に使う」から、exhaustiveは「**研究テーマを徹底的に論じ尽くす**」→「**徹底的な**」となりました。thorough（219番）と同じ意味になります。

## 405 conclude
[kənklúːd]
**動** 結論を下す

**キラーフレーズ**
**conclude** that the original plan is best
（最初の計画が一番よいと結論づける）

☺ 「完全に(con)閉じる(clude=close)」→「結論を下す」という意味です。キラーフレーズはconclude that ～ で「～という結論を下す」となっています。

## 406 conclusive
[kənklú:siv]

形 確実な・決定的な

**conclusive** evidence that the door was unlocked
(ドアには鍵がかかっていなかったという決定的な証拠)

☺conclude「結論を下す」の形容詞形がconclusiveで、「(結論を下せるくらい)確実な・決定的な」という意味です。

## 407 increasingly
[inkrí:siŋli]

副 ますます

▶ increase 動 増加する

**increasingly** difficult to save money
(貯金するのがますます難しい)

☺動詞increase「増加する」の副詞形がincreasinglyです。特に難しくはないと思いますが、あまりによく出てくるので一度チェックしておきましょう。

## 408 contract
[ká:ntrækt]

名 契約(書)

finalize a **contract**
(契約をまとめる)

☺contractは「両者が一緒に(con)、引っ張りあう(tract)」→「契約」という意味になりました。契約は「お互いが自分に都合のよいように引っ張り合いながら判を押すもの」ということです。

---

REVIEW
- □ fare
- □ When it comes to ~
- □ please
- □ dissatisfy
- □ thrill
- □ impress

## 409 approximately 副 およそ
[əprá:ksəmətli]

**キラーフレーズ**
Rainy season in Japan lasts **approximately** six weeks.
(日本の梅雨はおよそ6週間続きます)

☺ 形容詞approximateは、approch「近づく」と語源が関連しており、「**近づいていく**」→「**おおよその**」となりました。それが副詞形になったのがapproximatelyです。

## 410 acquisition 名 買収
[ækwəzíʃən]

**キラーフレーズ**
**acquisition** of a competitor
(ライバル会社の買収)

☺ ニュースに出てくる**M&A**はmergers and acquisitions「**企業の合併・買収**」という意味です。merger「合併」、acquisition「獲得・買収」のことで、Part 7でこういった単語が出てきたら、「両社の社長はどのポストにつく？」「新社長は誰？」ということがよく設問で狙われます。

## 411 stockholder 名 株主
[stá:khòuldər]

**キラーフレーズ**
**stockholders**' meeting
(株主総会)

☺ 「株(stock)を所有している人(holder)」ということです。アメリカではstockholderですが、イギリスではshareholderを使います。shareも「株」という意味です。

周回CHECK!!  | 1 / | 2 / | 3 / | 4 / | 5 / | 6 / |

## 412 invest

[invést]

**動** 投資する

**キラーフレーズ** **invest** one's money in stocks
（株に投資する）

☺とてもユニークな語源を持つ単語です。「投資家のvest（服・ベスト）を着て（in）、投資家のふりをする」というものです。独特すぎて覚えにくいという人は「服飾（vest）の会社にお金をつぎ込む・お金を入れる（in）」と考えてください。

## 413 vary

[véəri]

**動** 変化する

**キラーフレーズ** **vary** from day to day
（日に日に変化する）

☺「バラエティー（variety）」は「変化・多様」という意味で、その動詞形varyは「変化する」という意味です。

## 414 postpone

[poustpóun]

**動** 延期する

**キラーフレーズ** **postpone** a product launch
（商品の発売を延期する）

☺有名人の後継者という意味で、よく「ポスト〇〇」と言いますが、「ポスト（post）」とは「後の」という意味です。**postponeは「後に（post）まわす」→「延期する」**となりました。ビジネスの世界では、商品の発売延期はよくあることですが、そういった内容で出てきます。

REVIEW　□ exhaust　□ conclude　□ increasingly
　　　　□ exhaustive　□ conclusive　□ contract

## 415 regardless of 〜

**前** 〜に関わらず

**キラーフレーズ**
All applications will be considered, regardless of the applicant's age, gender or race.
（申請者の年齢、性別、人種に関わらず、すべての申請を受け付けます）

☺regardは「みなす」という動詞が有名です。本来は「よく見る」という意味で、「よく見る」→「注意する・考慮する」という意味が生まれました。「〜を(of)考慮する(regard)ことなく(less)」→「〜を問わず・関わらず」となりました。

## 416 maintain

[meintéin]

**動** 維持する

**キラーフレーズ**
maintain one's car
（自分の車を維持する）

☺日本語で「メンテナンス(maintenance)」とは「(正常な状態を)維持すること」です。その動詞形がmaintainです。ちなみに、**-tainには「保持する(keep)」の意味がある**ことを知っておくと、次のobtainが覚えやすくなります。

## 417 obtain

[əbtéin]

**動** 手に入れる

**キラーフレーズ**
obtain permission
（許可を得る）

☺-tain「保持する」という意味です（obは「向かって」という難しい意味なので、今回は無視しましょう）。obtain a driver's licenseは「運転免許を取得する」となります。

**周回CHECK!!** | 1 / | 2 / | 3 / | 4 / | 5 / | 6 / |

## 418 invoice
[ínvɔis]

**名** 請求書

**キラーフレーズ** issue an invoice
(請求書を発行する)

😊 本来の語源は、envoy「使者」と同じで「送り出されたもの」という意味なんですが、難しすぎるので、ここは無理矢理「金払えと中で(in)声(voice)が聞こえそうなもの」→「請求書」と覚えてしまいましょう。

## 419 make sense
**動** 理にかなっている

**キラーフレーズ** Your explanation makes sense.
(あなたの説明は理にかなっています)

😊 「意味(sense)を作る(make)」→「意味を成す・理にかなっている」という熟語で、実際の会話でもよく使われます。キラーフレーズを言い換えると、I understand your explanation. や Your explanation is logical. になり、be logicalへの書き換えがPart 7の語彙問題に出ることがあります。

## 420 recipient
[risípiənt]

**名** 受取人

**キラーフレーズ** the recipient of an award
(賞の受賞者)

😊 「receiveする人」です。最近は、「(臓器移植で)ドナーから臓器を受け取る人」のことを、「レシピエント」と言っています。ちなみに、donor「ドナー・提供者」、donate「寄付する・提供する」で、こちらも「寄付金」の話で出てきます。

---

**REVIEW**
- □ approximately
- □ acquisition
- □ stockholder
- □ invest
- □ vary
- □ postpone

## 421 respond to 〜

動 〜に返答する

**キラーフレーズ**: **respond to** an inquiry
（問い合わせに対応する）

☺ 名詞形のresponse「返答」が有名ですね。動詞はrespond to 〜 の形でよく使われます。

## 422 destination

名 目的地

[dèstənéiʃən]

**キラーフレーズ**: a popular travel **destination**
（人気の旅先）

☺ destiny「運命」、destine「運命づける」と関連があって、「そこに行き着くことを運命づけられた場所」なんていう、深いというかカッコいい単語です。

## 423 latest

形 最新の

[léitist]

**キラーフレーズ**: the **latest** issue of *TIME* magazine
（TIME誌の最新号）

☺ lateは「遅い」ですが、**最上級latestは「時期的に一番遅い」→「もっとも新しい」**となります。issueは「号」という意味です。

周回CHECK!!  1 /  2 /  3 /  4 /  5 /  6 /

## 424 consumer

[kəns(j)úːmər]

名 消費者

**キラーフレーズ**
**consumer preferences**
(消費者の好み)

☺ 動詞形のconsumeは「消費する」です。consumer survey「消費者アンケート」もチェックしておきましょう。キラーフレーズのconsumer preferences「消費者の好み」は複数形preferencesになっていますが、人の好みにはいろいろあるため、この形をとっています。

## 425 purchase

[pə́ːrtʃəs]

名 購入
動 購入する

**キラーフレーズ**
**Returns are accepted within three months of the date of purchase.**
(返品は購入日から3カ月以内なら受け付けます)

☺ purchaseのchaseは「追跡する」という意味です(「カーチェイス」のchase)。「欲しいものを追跡する」→「購入(する)」になりました。

## 426 sightseeing

[sáitsìːiŋ]

名 観光

**キラーフレーズ**
**a sightseeing tour**
(観光旅行)

☺ 海外に行くと、入国審査で使う単語です。sightは「景色」という意味です。また、動詞として使うことも可能で、go sightseeing in Rome「ローマで観光する」となります。

---

**REVIEW**
□ regardless of 〜　　□ obtain　　□ make sense
□ maintain　　□ invoice　　□ recipient

## 427 surround [səráund]
動 囲む

**キラーフレーズ**
The pond in the park is **surrounded** by a lawn where people often have picnics.
(公園にある池は芝生に囲まれていて、人々はよくそこでピクニックをします)

☺「サラウンドスピーカー」とは「音が人を囲むような効果を狙ったスピーカー」です。また、**surroundings**は「周りを取り囲んだもの」→「環境」という意味になり、これも重要です。

## 428 apply A to B
動 AをBに応用する

**キラーフレーズ**
**apply** French culinary techniques **to** Japanese ingredients
(フランス料理の調理法を日本の食材に応用する)

☺**apply**は本来「ピタッとくっつける」という意味で、apply A to Bは「Aの内容をBの事象にピタッとくっつける」→「AをBに応用する」となりました。ちなみに、家庭科の時間に「ピタッとくっつける布」を「アップリケ(applique)」と言います。

## 429 apply for ～
動 ～に申し込む

**キラーフレーズ**
**apply for** a job
(仕事に応募する)

☺キラーフレーズは「仕事を求めて(for)自分の履歴書をピタッとくっつける(apply)」→「仕事に応募する」となります。

## 430 applicable
[ǽplikəbl]

形 当てはまる

**キラーフレーズ： not applicable**
（当てはまらない・該当なし）

☺ Part 7 で、表やアンケート結果が出ることがありますが、その中で not applicable「該当なし」と使われます。実際のビジネスの世界では、not applicable の略で **N/A** と表記されることもあります。

## 431 appliance
[əpláiəns]

名 電化製品

**キラーフレーズ： kitchen appliance**
（台所で使う電化製品）

☺ 動詞 apply は「応用する・利用する」で、名詞形 appliance は「利用するもの・道具」→「（家の中で利用する）電化製品」という意味になりました。

## 432 reimburse
[rì:imbə́:rs]

動 払い戻す

▶ reimbursement 名 払い戻し

**キラーフレーズ： reimburse an employee for travel expenses**
（社員に旅費を払い戻す）

☺ reimburse の -imburse は「収入となる」というあまりに古く難しい語源なので参考になりません。ここは思い切って、re-「再び」だけに注目して、「再びお金が戻る」→「払い戻す」と考えてください。

---

**REVIEW**
- respond to 〜
- destination
- latest
- consumer
- purchase
- sightseeing

## 433 submit

[səbmít]

**動** 提出する

▶ submission **名** 提出・提出物

**キラーフレーズ** **submit** an application
（申請書を提出する）

☺ 本来「必要書類を下に(sub)送る(mit)」→「提出する」となりました(mit「送る」は、trans<u>mit</u>「送る」で使われています)。また、submitと同じ意味のturn in「提出する」という熟語も大事です。「提出箱の中に(in)ねじ込んで入れる(turn)」イメージです。

## 434 confirm

[kənfə́:rm]

**動** 確認する

**キラーフレーズ** **confirm** a reservation
（予約を確認する）

☺ firmは「固い」という意味で、「理解を強固にする」→「確認する」となりました。ビジネスや予約で「確認する」作業は重要なので、当然いろいろな場面で出てきます。

## 435 award

[əwɔ́:rd]

**名** 賞
**動** 授与する

**キラーフレーズ** **award** a prize to the contest winner
（コンテストの優勝者に賞を授与する）

☺ 年末のテレビ番組の「賞を与える番組」を「○○アワード」と言っています。ただし本当の発音は「**アウォード**」です。上級者向けにはaward a contract to a vendor「下請け業者に契約を発注する」という表現があります。awardは「（競争に勝った人に）授与する」イメージです。

## 436 fill out

**動** 記入する

**キラーフレーズ** **fill out** an application form
（申し込み用紙に記入する）

☺「用紙を文字で満たしていく(fill)」→「記入する」という意味です。**fill inという言い方もあります。**inは「記入欄の中に書いていく」、outは「完全(書き上げてしまう)」というイメージですが、どちらも同じ意味になります。

## 437 convention

**名** 会議

[kənvénʃən]

**キラーフレーズ** annual **convention**
（年次総会）

☺ 会議や展示会をする施設を「コンベンションセンター(convention center)」と言い、この言葉が貸会議室などに使われることも増えてきました。conventionに関連した、動詞convene「集まる」も一緒に覚えておきましょう。

## 438 rate

**名** 料金

[réit]

**キラーフレーズ** at the discounted **rate** of $400 per year
（年間400ドルという割引価格で）

☺「割合」という意味や、「レート(相場)」という言い方が有名ですが、TOEICでは「料金」という意味でもよく使われます。

---

**REVIEW**　□ surround　□ apply for 〜　□ appliance
　　　　　　□ apply A to B　□ applicable　□ reimburse

## 439 utility rate

**名** 公共料金

**キラーフレーズ**
**Utility rates** have risen due to higher natural gas prices.
(天然ガスの高騰により公共料金が上昇した)

☺utilityは本来「実用」という意味です。そこから「**実用的なもの**」→「**ガス・電気・水道**」などを指すようになりました。rateは「料金」ですね。utility rateで「(電気・ガスの)公共料金」となります。

## 440 estimate

**動** 見積もる
**名** 見積もり

[動 éstəmèit；名 éstəmət]

**キラーフレーズ**
free **estimate**
(無料見積もり)

☺日本のCMでも「まずは無料お見積もりを」とよく聞きますが、TOEICに出る広告もまったく一緒で、free estimate「無料見積もり」がよく出てきます。

## 441 admission

**名** 入場

[ədmíʃən]

**キラーフレーズ**
**admission** fee
(入場料)

☺admitは「認める」という意味で、そこからadmissionは「入ることを認める」→「入場」となりました。さらに、「入学・入会・入社」などにも使われるので、「**何かに入るのを認めてもらうこと**」という基本をチェックしておきましょう。

## 442 agenda

[ədʒéndə]

**名** 議題・予定表

**キラーフレーズ**: What items are on the agenda for today's meeting?
（今日の会議の議題にはどんな項目がありますか？）

☺ 本来「すべきこと」という意味で、「会議の議題」や「業務の予定表」のことです。日本語で「今日のアジェンダ」などと使われることも、少しずつ増えてきたようです。

## 443 carry out

**動** 実行する

**キラーフレーズ**: carry out a plan
（計画を実行する）

☺「会議室で話し合うのではなく、会議室の外に（out）企画を持っていく（carry）」→「実行する」というイメージです。

## 444 implement

[ímpləmènt]

**動** 実行する

▶ implementation **名** 実行

**キラーフレーズ**: implement a strategy
（戦略を実行する）

☺ implement = carry outです。キラーフレーズのほかによく使われる例にimplement changes「改革を実行する」があります。

---

**REVIEW**: □ submit □ confirm □ award □ fill out □ convention □ rate

## 445 sign up for ~

**動** ～に申し込む

**キラーフレーズ: sign up for a class**
（授業に申し込む）

😊「～を求めて(for)署名する(sign up)」→「～に申し込む」です（upはただの「強調」）。TOEIC超頻出熟語の1つです。

## 446 evaluate

**動** 評価する

[ivǽljuèit]

**キラーフレーズ: evaluate job candidates based on their résumés and interviews**
（履歴書と面接で、仕事に応募してきた人たちを評価する）

😊 evaluateという単語の中にはvalueがありますね。evaluateは「価値(value)をつける」→「評価する」という意味です。

## 447 lighthouse

**名** 灯台

[láithàus]

**キラーフレーズ: That light in the distance is a lighthouse.**
（遠くに見える明かりは、灯台です）

😊「光(light)を提供する建物(house)」です。普段はあまり「灯台」という単語は使わないと思いますが、TOEICでは頻出で「観光名所としての灯台」や、「灯台の修復」の話がよく出てきます。

Unit
# 12

# 絶対に
# 知っておきたい
# 「基本単語」②

基礎力を
グイグイ引き上げる語句

---

Unit11に続き、ぜひとも知っておきたい重要語句を覚えていきましょう。ここで解説する語句は、覚えるほどにTOEICの英文が読みやすく、聞きやすくなっていく、本当に重要なものばかりです。

## 448 care to 〜

動 〜したいと思う

**キラーフレーズ**
Would you care to take a short break?
(少し休憩を取りますか？)

😊 careは「心配（する）」があまりに有名ですが、**本来は「気が向く」という意味です**。「不安に対して気が向く」→「心配する」、「前向きに気が向く」→「〜したがる」となります。

## 449 ensure

動 確実にする

[inʃúər]

**キラーフレーズ**
ensure an on-time start
(きちっと時間通りに始まるようにする)

😊 en-は「〜にする・作る」という意味で、enjoy「楽しみを作る」、enrich「豊かにする」などで使われています。ensureは「確実に(sure)する」ということです。キラーフレーズの直訳は「時間通りに始まることを確実にする」です。

## 450 encourage 人 to 〜

動 人 に〜するように奨励する

**キラーフレーズ**
encourage a coworker to apply for a job opening
(同僚に仕事の口に応募するように言う)

😊 「人の心の中に(en)勇気(courage)を詰め込む」→「人に〜するように奨励する」となりました。

周回CHECK!!  1 / 2 / 3 / 4 / 5 / 6 /

## 451 endangered
[indéindʒərd]
形 絶滅寸前の

**キラーフレーズ**
**endangered** species
（絶滅危惧種）

☺ 動詞endangerは「危険(danger)を中に詰め込む(en)」→「危険にさらす」となります。そのendangerの過去分詞形がendangeredで、「危険にさらされた」→「絶滅寸前の」となったわけです。

## 452 enroll
[inróul]
動 登録する・入会する

**キラーフレーズ**
**enroll** in this course
（このコースに登録する）

☺「名前を名簿(roll)の中に入れる(en)」→「登録する」となりました。rollは「(ロール状にクルクル巻いた)名簿」で、テレビ番組の「エンディングロール(制作スタッフの名簿)」で使われています。Part 5の問題として、------- in 〜 の形で出題されることもあります。

## 453 tip
[típ]
名 チップ・助言

**キラーフレーズ**
I often get **tips** on investing from Shelly.
（Shellyから投資のアドバイスをもらうことがよくあります）

☺ もともと「(もらったら)ちょっとうれしいもの」という意味で、「お金」をもらえば、ご存じ「チップ(心づけ)」に、「言葉」をもらえば「助言」になります。

---

**REVIEW**
□ utility rate　□ agenda　□ sign up for 〜
□ estimate　□ carry out　□ evaluate
□ admission　□ implement　□ lighthouse

## 454 empty
[émpti]

**形** 空の

**キラーフレーズ** an empty room
（人がいない部屋）

😊 車の燃料メーターが「満タン」のときは"F"で、fullのことですが、「空」は"E"となっていて、これはemptyを表します。

## 455 modest
[máːdəst]

**形** 控えめな

**キラーフレーズ** modest price
（廉価(れんか)）

😊「控えめな」という意味で人に使われることが多いのですが、TOEICの世界では、人以外に使われる例が多く、たとえば、modest increaseで「わずかな上昇」となります。キラーフレーズは「控えめな値段」→「安値・廉価」となります。

## 456 moderately
[máːdərətli]

**副** 控えめに

▶ moderate **形** 控えめな

**キラーフレーズ** be moderately priced
（手頃な価格がつけられている）

😊 modestと同じ意味でmoderate「控えめな」という単語があり、その副詞形がmoderatelyです。キラーフレーズのbe moderately priced = be reasonably pricedです。reasonablyは「理にかなって・ほどよく」という意味です。

## 457 authority
[əθɔ́ːrəti]

**名** 権威者

**キラーフレーズ** an authority on eighteenth-century art
（18世紀美術の権威者）

☺日本語でも「オーソリティー」と使われますが、イマイチ意味がわかりにくいですよね。「**権威者**」のことで、「**第一人者・偉い人・大御所**」ぐらいに考えてください。authority on ～ のonは「意識の接触（～について）」です。

## 458 renew
[rin(j)úː]

**動** 更新する

**キラーフレーズ** renew your membership
（会員資格を更新する）

☺「再び(re)新しくする(new)」→「更新する」です。定期購読、ジムの会員など、TOEICでは更新のお知らせは超頻出テーマです。

## 459 loyal
[lɔ́iəl]

**形** 忠実な・誠実な

**キラーフレーズ** loyal customer
（リピーター・上顧客）

☺legal「合法の」と関連があり、「合法の」→「法を忠実に守る」→「忠実な・誠実な」となりました。まぎらわしいroyal「王室の」という単語は、「ロイヤルファミリー」などとよく聞きますが、TOEICではあまり見かけないので、まずはloyalに集中してください。

**REVIEW**
□ care to ～　□ encourage 人 to ～　□ enroll
□ ensure　□ endangered　□ tip

## 460 an array of 〜

**形 ずらりと並んだ〜・さまざまな〜**

**キラーフレーズ**
**an array of** employee benefits
（数多くの従業員の福利厚生）

☺ arrayは「配列・列挙」という意味です。an array of 〜 は「配列された〜」→「ずらりと並んだ〜」という意味で、ざっくり言えば、an array of 〜 ≒ a lot of 〜 というイメージです。

## 461 separate

[動 sépərèit ; 形 sépərət]

**動 引き離す**
**形 離れた・別々の**

**キラーフレーズ**
**get separated**
（はぐれる）

☺ 水着の「セパレート」は「上下が離れた水着（ビキニ）」、陸上の「セパレートコース」は「各コースが別々に離れたコース」のことです。Part 4の「ツアーガイド」の話で「もし集団からはぐれたら」という文脈でget separatedが使われます。また、a separate feeで「別料金」となります。

## 462 related

[riléitid]

**形 関連した**

**キラーフレーズ**
have at least three years of **related** work experience
（最低3年の関連職種での経験がある）

☺ 動詞relateは「関連させる」で、relatedは「関連させられた」→「関連した」という意味になります。キラーフレーズでわかるように、「求人」の話で必ずといっていいほど出てくるのがrelated work experience「関連職種での経験」です。

## 463 currency

名 通貨

[ká:rənsi]

**キラーフレーズ** **currency** exchange rate
（為替レート）

☺ 形容詞current「現在の」という単語は、本来「今流れている」という意味です。名詞形currencyは「**世の中に広く流れているもの**」→「**通貨**」となりました。「為替レート」を見る機会があれば、そばにcurrency exchange rateという表記があるので探してみてください。

## 464 call for ～

動 ～を呼ぶ

**キラーフレーズ** **call for** a taxi
（タクシーを呼ぶ）

☺「～を求めて(for)声を出して呼ぶ(call)」という意味です。海外だと、流しのタクシーを使うのではなく、安全面を考慮して、ホテルやレストランから呼び出すことが日本よりもはるかに多いため、その分よく使われる表現と言えます。

## 465 expand

動 拡大する

[ikspǽnd]

**キラーフレーズ** The company is *expanding*.
（その会社は規模が拡大しています）

☺ 筋トレで使う「エキスパンダー（バネが3本ついてる器具）」は、「バネが拡大して、さらに大胸筋も拡大する器具」です。

---

REVIEW
□ empty　　□ moderately　　□ renew
□ modest　　□ authority　　□ loyal

## 466 live up to ～

**動** ～に応える

**キラーフレーズ:** live up to one's reputation
（評判通りである）

☺「～に到達するまで（up to）生きていく（live）」→「（期待・評判など）に応える」となります。up to ～ は「～まで」という意味の前置詞です。

## 467 turn on

**動** （テレビ・電気を）つける・（水を）出す

**キラーフレーズ:** turn on a light
（電気をつける）

☺「スイッチを回して（turn）、オンの状態にする（on）」で、テレビ・電気なら「つける」、水なら「出す」という意味になります。turn on the waterで「栓をひねって水を出す」という意味です。

## 468 entitle

[intáitl]

**動** 権利を与える

**キラーフレーズ:** Membership in our frequent flyer program entitles you to use the airport lounge.
（マイレージ会員（フリークエント・フライヤー・プログラム）になると、空港ラウンジを利用する権利が与えられます）

☺「肩書（title）を与える」→「権利を与える」となりました。entitle 人 to ～「人に～する権利を与える」という形でよく使われます。

## 469 suspend
[səspénd]

動 つるす

▶ suspension bridge 名 つり橋

**キラーフレーズ** **suspend** a light from the ceiling
（天井から照明をつるす）

☺ズボンなどに使う「サスペンダー（suspender）」とは「（ズボンを）つるすもの」です。

## 470 transport
[動 trænspɔ́ːrt ; 名 trǽnspɔːrt]

動 運ぶ
名 輸送

**キラーフレーズ** be **transported** by air
（空輸される）

☺「港（port）から、移す（trans）」→「運ぶ」となりました。trans-は「移動させる」という意味で、portは「港から運ぶ」です。昔は船で物を運ぶのが主流だったので、この単語の中に残っているわけです。

## 471 transfer
[動 trænsfə́ːr ; 名 trǽnsfəːr]

動 転任させる
名 転任

**キラーフレーズ** be **transferred** to another branch
（別の支店へ転任する）

☺自動詞「転任する」、他動詞「転任させる」と両方の用法があるのですが、他動詞のほうがよく使われる（しかも受動態で使われる）ので、キラーフレーズでチェックしておきましょう。受動態の部分の直訳は「転任させられる」。もちろんtrans-は「移動させる」という意味です。

REVIEW
□ an array of 〜　□ related　□ call for 〜
□ separate　□ currency　□ expand

## 472 transact

[trænsǽkt]

**動** (業務を)行う

▶ transaction **名** 取引

**キラーフレーズ** transact business with foreign companies
（海外の企業と取引をする）

☺「会社を移動して(trans)行動する(act)」→「(業務・交渉を)行う」となりました。

## 473 transition

[trænzíʃən]

**名** 移行
**動** 移行する

**キラーフレーズ** transition from a family business to a national chain
（家族経営の小さな企業から全国チェーンへの移行）

☺ 470〜472番と同様、やはりtrans-に注目して「移行」という意味を覚えましょう。キラーフレーズのように、**transition from A to B「AからBへの移行」**という形でよく使われます。

## 474 make one's bed

**動** ベッドを整える

**キラーフレーズ** I make my bed every morning.
（毎朝ベッドを整えます）

☺「ベッドの本来の状態・きれいな状態を作り上げる」ということでmakeが使われます。日本語でも「ベッドメイキング」という言葉を聞いたことがあるかもしれません。

## 475 grocery store

**名** 食料品店

**キラーフレーズ** get milk at the grocery store
（食料品店で牛乳を買う）

😊 groceryは「食料雑貨」という意味です。grocery storeはsupermarketとほぼ同じ（もしくは少し規模が小さい）店のことです。日本のお店でもgroceryという表記が目立ち始めました。

## 476 statistics

**名** 統計

[stətístiks]

**キラーフレーズ** the latest statistics
（最新の統計）

😊 「ある状態（statist=state）を示した学問（ics）」という意味です。「いろんなデータを集めたもの」ということで、statisticsと複数形になります。

## 477 look over 〜

**動** 〜にざっと目を通す

**キラーフレーズ** look over an email before sending it
（メールを送る前にざっと目を通す）

😊 「全体をざっと（over）見る（look）」→「目を通す」となります。**look over = review**という言い換えもチェックしておきましょう。また、look 〜 overという語順もOKで、目的語が代名詞の場合look it overのように、目的語を必ず挟みます。

---

**REVIEW**
- □ live up to 〜
- □ turn on
- □ entitle
- □ suspend
- □ transport
- □ transfer

## 478 look up 〜

動 〜を調べる

**キラーフレーズ: look up a phone number**
（電話番号を調べる）

😊 look 〜 upの語順もOKで、目的語が代名詞のときは必ずlook it upの語順です。

## 479 give 人 a hand with 〜

動 人に〜で手を貸す

**キラーフレーズ: He gave me a hand with moving these chairs.**
（彼はこれらのいすを動かすのに手を貸してくれた）

😊 ここでのhandは実際の「手」ではなく、**「助けの手」**という意味です（日本語の「手を貸す」も同じ感覚ですね）。withは「〜について」という意味で、give me a hand with 〜 の直訳は「〜について助けの手を私に与える」となります。

## 480 happen to 〜

動 たまたま〜する

**キラーフレーズ: happen to finish work early**
（たまたま仕事を早く終わらせる）

😊 happenは「偶然」というニュアンスがあるので、happen to 〜「偶然にも〜する」となりました。toは不定詞なので、直後には動詞の原形がきます。

---

絶対に知っておきたい「基本単語」② 〜基礎力をグイグイ引き上げる語句〜

## 481 warehouse 名 倉庫

[wéərhàus]

**キラーフレーズ** **warehouse** inventory
（倉庫の在庫品）

☺ wareは「商品」という意味の古い単語で、「商品（ware）を収納しておく場所（house）」→「倉庫」となりました。

## 482 housewares 名 台所用品

[háuswèərz]

**キラーフレーズ** a sale on **housewares**
（台所用品のセール）

☺「家庭（house）で使う商品（ware）」→「家庭雑貨・台所用品」です。台所用品にはいろんな種類があるので必ず複数形（housewares）になります。warehouse「倉庫」と間違えないようにしてください。**warehouseは要するにhouse、housewaresは要するにwaresです。**

## 483 absolutely 副 その通り・ぜひ

[æbsəlù:tli]

**キラーフレーズ** Will you attend? ―**Absolutely**!
（参加しますか？　―ぜひとも！）

☺ 本来は「完全に」という強調の意味ですが、そこから「質問・依頼への返答」に使われ「（完全に）その通り・ぜひ」という意味になりました。**"Yes"の強調だと考えればカンタンです。**

REVIEW
- □ transact
- □ transition
- □ make one's bed
- □ grocery store
- □ statistics
- □ look over ～

## 484 online tutorial
**名** オンラインの説明書

**キラーフレーズ** an online tutorial for a word processor
（ワープロのオンライン説明書）

☺塾・予備校では、アルバイトの大学生を「チューター」と言うことがよくあります。tutorは「家庭教師」のことで、これに関連したtutorialは「指導教本」という意味になります。大学の授業でパソコンの使い方を教える時間を「チュートリアル」と言うこともあります。

## 485 tuition
**名** 授業料

[t(j)u(:)íʃən]

**キラーフレーズ** Students must pay the entire tuition before the first day of the course.
（学生はコースの初日が始まる前までに授業料を全額支払わなければなりません）

☺tuitionも、tutorやtutorialと関連のある単語です。もともとは「授業」で、tuition feeが「授業料」だったのですが、tuitionだけで「授業料」の意味で使われるようになりました。

## 486 sink
**名** 流し

[síŋk]

**キラーフレーズ** wash one's hands in a sink
（流しで手を洗う）

☺日本でも「流し」のことを「シンク」と言うことが増えました。もともとsinkは「沈む」という意味で、「使ったお皿を水に沈めておく場所」→「流し」となりました。

## 487 draft
[drǽft]

**名** 下書き

**キラーフレーズ** a **draft** of a presentation
(プレゼンの下書き)

☺ 動詞draw「描く」と関連があります。**drawは本来「引っ張る」という意味**で、「(線を引っ張って)描く」となりました。draftも「線を引く」→「下書き」となったわけです。野球のドラフト会議も、「有望な選手を自分のチームに引っ張る」という意味なんです。

## 488 summarize
[sʌ́məràiz]

**動** 要約する

▶ summary **名** 要約

**キラーフレーズ** **summarize** one's opinion
(意見を要約する)

☺ summarizeのsumには「合計(する)・要約(する)」という意味があります(表計算ソフトで「合計」の欄にSUMと出てきます)。summarizeは「合計する」→「まとめる・要約する」となりました。同じ意味でsum upという熟語もあります。

## 489 stand for ～

**動** ～の略である

**キラーフレーズ** TPP **stands for** Trans-Pacific Partnership.
(TPPとはTrans-Pacific Partnership(環太平洋戦略的経済連携協定)の略です)

☺「～という言葉のために・代わりに(for)存在する(stand)」→「～を表す・～の略である」となります。何かの略語を正確に示すときに使われる熟語です。

---

**REVIEW**
- □ look up ～
- □ give 人 a hand with ～
- □ happen to ～
- □ warehouse
- □ housewares
- □ absolutely

## 490 sort of
まあね

**キラーフレーズ**
**Do you like his idea? –Sort of.**
(彼のアイデアはいいと思いますか？ ―まあ、そう思います)

☺ sortは「種類」という意味で、a sort of 〜「一種の〜」からaがなくなり、sort ofになりました。「一種の」→「まあなんとなく、そうだね」という意味です。

## 491 amateur 形 アマチュアの
[ǽmətʃùər]

**キラーフレーズ**
**an amateur golfer**
(アマチュアのゴルフ選手)

☺ 意味は問題ないと思いますが、つづりを見たときに反応できるようにしておいてください。professional「本職の」の対義語です。発音はそのまま「**ア**マチュア」のときもありますが「**ア**マタァ」と発音されることもあります。

## 492 foundation 名 土台・基金・財団
[faundéiʃən]

**キラーフレーズ**
**The Japan Foundation**
(国際交流基金)

☺ 化粧品の「ファンデーション」とは、「化粧の土台を作り上げるもの」という意味です。「土台・基礎」→「基本金・基金」→「(基金で運営される)財団」となりました。組織の名前によく使われます。

## 493 found
[fáund]
**動** 設立する
▶ founding **名** 設立

**キラーフレーズ**
**found** a company
（会社を設立する）

😊 名詞foundationの動詞形がfoundです。「土台から作り上げる」→「設立する」となりました。変化はfound-founded-foundedとなります。

## 494 pass out
**動** 配る

**キラーフレーズ**
**pass out** coupons
（クーポンを配る）

😊 セミナーなどで配布資料を「配る」、イベントとして店頭でクーポンを「配る」といった内容でよく使われるのがpass outです。「みんなのもとに完全に(out)行き渡る(pass)」→「配る」となりました。

## 495 become familiar with ~
**動** ~をよく知るようになる

**キラーフレーズ**
**become familiar with** a new procedure
（新しいやり方がよくわかるようになる）

😊 familiarは、本来familyと関係があり、「**familyのような**」→「**よく知っている**」となりました。withは「関連（〜について）」を表します。

---

**REVIEW**
- □ online tutorial
- □ tuition
- □ sink
- □ draft
- □ summarize
- □ stand for ~

## 496 regional

[ríːdʒənl]

**形** 地区の

▶ region **名** 地区

**キラーフレーズ**
western Japan regional sales director
（西日本地区の営業部長）

😊 名詞region「地区」の形容詞形がregionalです。キラーフレーズのようにビジネスでも使われますし、a regional specialty「地域の名物料理」のように、広告でも使われます。

## 497 medication

[mèdəkéiʃən]

**名** 薬

**キラーフレーズ**
take medication for a cold
（風邪のために薬を飲む）

😊「薬」といえばmedicineという単語が有名ですが、medicineはもともと「医学」という意味で、そこから「薬」という意味も生まれました。一方、medicationは純粋に「薬」という意味です。

## 498 real estate agency

**名** 不動産会社

**キラーフレーズ**
This real estate agency specializes in office properties.
（この不動産会社は事務所の物件に特化しています）

😊 real estateは「リアルに目の前に存在する（real）財産（estate）」→「不動産」です。agentは「代理人」、agencyは「代理店」です。引っ越し・オフィスの移転などTOEICでは不動産会社が大活躍します。

## 499 treat
[tríːt]

**名** ごちそう・おやつ
**動** ごちそうする

**キラーフレーズ** eat **treats** with coffee
(コーヒーを飲みながらおやつを食べる)

☺ ハロウィンのTrick or treat!「イタズラしてほしくなければおやつをくれ!」という言葉が有名ですね。このTrick or treat! は、頭のtr-で韻を踏んだリズムのよい表現です。名詞のtreatは「ごちそう」で、動詞のtreatは、treat 人 to 物 「人 に 物 をごちそうする」という形でよく使われます。

## 500 fund-raising
[fˈʌndrèiziŋ]

**名** 資金調達 **形** 資金調達の
▶ fund **名** 資金
　　　　 **動** 資金を提供する

**キラーフレーズ** be invited to a **fund-raising** dinner
(資金集めの晩餐会に招待される)

☺ raiseは「(金を)集める」という意味で、fund-raisingは「資金を集める」となります。資金集めのイベントや食事会などの話で出てきます。funding「資金調達」、fundraiser「資金集めの行事」という単語も一緒にチェックしておきましょう。

## 501 tune in to 〜

**動** 〜にチャンネルを合わせる

**キラーフレーズ** **tune in to** the news
(ニュース番組にチャンネルを合わせる)

☺「ラジオの周波数に合わせて(to)チューニングして(tuning)、そのラジオ局に入る(in)」イメージです。Part 4 の「ラジオニュース」対策としてしっかりチェックしておいてください。

---

**REVIEW**
☐ sort of　　　　☐ foundation　　　　☐ pass out
☐ amateur　　　 ☐ found　　　　　　☐ become familiar with 〜

## 502 relief

名 安心

[rilíːf]

**キラーフレーズ** feel relief at the news
（そのニュースを聞いて安心する）

☺ もともと「除去」という意味で、「不安の除去」→「安心」となりました。野球の「リリーフピッチャー」は、「試合の終盤でピンチになったときチームの不安を取り除く、そしてチームメイトを安心させるピッチャー」のことなんです。

## 503 shorten

動 短くする

[ʃɔ́ːrtn]

**キラーフレーズ** shorten the production process
（製造工程を短くする）

☺「短い(short)状態にする(en)」→「短くする」です。製造工程や作業時間などをshortenすることはビジネスで経費削減につながるわけで、それだけによく使われる単語です。

## 504 numerous

形 数多くの

[n(j)úːmərəs]

**キラーフレーズ** work on numerous projects simultaneously
（数多くのプロジェクトを同時に進行する）

☺ numerousはnumberと語源が一緒で、そこから「数がたくさん」となりました。キラーフレーズのwork on ～「～に取り組む」、simultaneously「同時に」という重要語句も一緒にチェックしておきましょう。

## 505 headline

[hédlàin]

名 見出し

**キラーフレーズ** The front page headline read "Obama Wins Re-election!"
（新聞の1面の見出しは「オバマは再選を果たす！」でした）

☺日本語でも「ヘッドライン」という言葉は使われます。lineは「横のライン」→「行」という意味になります。また、キラーフレーズのreadは「〜と読める・書いてある」という意味です（ここでは過去形）。

## 506 decade

[dékeid]

名 10年

**キラーフレーズ** I have worked at this company for a decade already.
（私はすでにこの会社に10年間勤めています）

☺decは「10」という意味で、deciliter「デシリットル（10分の1リットル）」や、dime「アメリカの10セント硬貨」と「10」つながりで関係があります。また、ミュージシャンなどの「10周年記念アルバム」で、このdecadeという単語が使われることもあります。

## 507 proper

[prá:pər]

形 適切な

**キラーフレーズ** proper postage
（適切な郵送料金）

☺ボクは衣料品店の店員が「これプロパーでも売れてました」と言っているのを聞いたことがあります。「適正価格（バーゲンではない、通常の価格）」という意味で使っていたわけです。このように、日本語でもそのまま使われ始めている単語です。

REVIEW
☐ regional　☐ real estate agency　☐ fund-raising
☐ medication　☐ treat　☐ tune in to 〜

## 508 approval
[əprúːvl]
**名** 承認

▶ approve **動** 承認する

**キラーフレーズ**
**All expense reports require a manager's approval.**
（経費報告書はすべて、部長の承認が必要です）

☺ 動詞approveは「よいと証明できた（prove）ものを認める」→「承認する」です。キラーフレーズのように、上司からの承認という話でapprovalがよく使われます。

## 509 consent
[kənsént]
**名** 同意

**キラーフレーズ**
**The author's consent is required.**
（著者の同意が必要だ）

☺ 病院で使われる「インフォームド・コンセント（informed consent）」とは「病状・治療方針を患者が知らされて（informed）、これでいいかと同意（consent）をすること」です。

## 510 minimize
[mínəmàiz]
**動** 最小にする

**キラーフレーズ**
**minimize the inconvenience caused by the construction work**
（工事による不便を最小限に抑える）

☺ miniから「最小限にする」を連想すればOKでしょう。対義語はmaximize「最大にする」です。こちらはmaxからわかりますね。

## 511 assemble

[əsémbl]

**動** 組み立てる・集まる

**キラーフレーズ** assemble furniture
（家具を組み立てる）

😊「**中心に集まる**」というイメージで、物が集まれば「組み立てる」、人が集まれば「集まる」となります。

## 512 assembly line

**名** 組み立てライン

**キラーフレーズ** work on an assembly line in a factory
（工場の組み立てラインで作業する）

😊 assembleの名詞形がassembly「組み立て・集合」で、lineは「生産ライン」です。Part4ではassembly lineと聞こえた瞬間に、「工場のアナウンスだ！」と判断してください。assembly instructions「組立説明書」も一緒にチェックしておきましょう。

## 513 assign

[əsáin]

**動** 割り当てる・任命する

**キラーフレーズ** assign the work to Lisa
（Lisaに作業を割り当てる）

😊「この仕事は誰に任せるのか印（sign）をつける」→「割り当てる」となりました。さらに「役職を割り当てる」→「任命する」という意味も生まれました。

**REVIEW**
- □ relief
- □ shorten
- □ numerous
- □ headline
- □ decade
- □ proper

## 514 have yet to 〜

**動** まだ〜していない

**キラーフレーズ:** **have yet to** discuss the plan
（その計画についてまだ話し合っていない）

☺ have to 〜「〜しなければならない」の間にyetが割り込んで「まだ〜しなければならない状態」→「まだ〜していない」となりました。

## 515 extract A from B

**動** BからAを取り出す

**キラーフレーズ:** **extract** useful information **from** the report
（報告書から役立つ情報を取り出す）

☺ extractは「外に（ex）引っ張る（tract）」→「抽出する」で、文字通りの意味では、extract oil from soy beans「大豆から油をしぼり出す」と使われますが、キラーフレーズのように「情報を取り出す」という意味も重要です。

## 516 luxury

**形** 豪華な

[lʌ́gʒəri]

**キラーフレーズ:** a **luxury** automobile
（高級車）

☺ 日本でもシャンプーやチョコレートの商品名などでluxuryという単語が使われることがありますが、英語圏でも広告でよく使われます。「豪華な」雰囲気を持つ単語です。

## 517 insure

[inʃúər]

**動** 保険をかける

**キラーフレーズ** **insure** one's home against fire and theft
（自宅に火災保険と盗難保険をかける）

☺「中に(in)確実さ(sure)を込める」→「保険をかける」となりました。キラーフレーズのようにagainstと一緒に使われることが多く、againstは「〜に反対して」→「〜に備えて」という意味になります。

## 518 in case

**接** 〜するといけないから

**キラーフレーズ** **In case** you get lost, please take your cell phone with you.
（迷子になってはいけないから、携帯電話を持っていってください）

☺in caseは、ifやthoughと同じ「従属接続詞」で、In case sv, SV. という形で使われます。**日本語訳にも注意が必要で、「〜するといけないから」となります（notの意味が含まれていると思ってください）。**

## 519 make a note of 〜

**動** 〜のメモを取る

**キラーフレーズ** **make a note of** his telephone number
（彼の電話番号をメモする）

☺「〜のメモ(note)を作り上げる」という意味です。Part 5 でofが空所で抜かれたこともあります。このofは厳密には「〜の・〜を」という意味で、辞書の説明では「目的格を表すof」というものです。

---

REVIEW
- ☐ approval
- ☐ consent
- ☐ minimize
- ☐ assemble
- ☐ assembly line
- ☐ assign

## 520 noted
[nóutid]
**形** 有名な

**キラーフレーズ** a noted management consultant
(有名な経営コンサルタント)

☺ 動詞note「メモを取る・注目する」の過去分詞形で、「注目されるくらい」→「有名な」となりました。

## 521 with the exception of ～
**前** ～を除いて

**キラーフレーズ** With the exception of Peter, all managers attended the meeting.
(Peterを除いて部長全員が会議に参加しました)

☺ 前置詞exceptは「～を除いて」という単語で、その名詞形がexception「例外」です。「～という例外(exception)を持って(with)」→「～を除いて」となりました。

## 522 determined
[ditə́ːrmənd]
**形** 強い決意を持った

**キラーフレーズ** be determined to succeed
(成功するのに強い決意を持つ)

☺ determineには「決心する・決心させる」という2つの意味があります。determine 人 to ～「人に～する決心をさせる」を受動態にした、人 is determined to ～「人は～する決心をしている(決心をさせられている)」という形でよく出てきます。

## 523 fluent
[flúːənt]

形 流暢な

**キラーフレーズ:** fluent in three languages
（3カ国語に堪能だ）

😊 fl-には「流れる」という意味があって、たとえばflow「流れる」があります。fluentは「流れる(fl)ように」→「流暢な」となります。TOEICでは「求人広告」で語学力が求められることが多く、そのときに使われる単語です。

## 524 in an effort to ～
～しようと努力して

**キラーフレーズ:** in an effort to impress her boss
（彼女の上司によく思われようと努力して）

😊 want to ～「～したい」が、なぜtoを伴うのかというと、to不定詞には「未来志向（これから～する）」の意味があるからです。effortも「これから～するように努力する」なのでtoを伴います。「これから～する(to)努力(effort)の中で(in)」→「～しようと努力して」です。

## 525 Recent data indicates that ～
新しいデータは～を示している

**キラーフレーズ:** Recent data indicates that automobile ownership is declining.
（新しいデータによると自動車の所有者が減っている）

😊 Part 7 の市場分析などでよく使われる言い方です。ちなみに、本来dataという単語はdatumの「複数形」なのですが、現代英語ではinformation同様に単数形（不可算名詞）扱いされるようになり、indicatesには3単現のsがついています。

---

**REVIEW**
☐ have yet to ～　　☐ luxury　　☐ in case
☐ extract A from B　☐ insure　　☐ make a note of ～

## 526 take advantage of 〜

動 〜を利用する

**キラーフレーズ**: **take advantage of** the opportunity to go abroad
（海外へ行く機会を利用する）

☺「〜について(of)の利点(advantage)を取る(take)」→「〜を利用する」となりました。また、キラーフレーズのようにtake advantage of the opportunity to 〜 で使うことが多いです。「〜するチャンスをものにする」という感じです。

## 527 fellow

[félou]

名 仲間・同僚
形 仲間の・同僚の

**キラーフレーズ**: my **fellow** scientists
（仲間の科学者）

☺日本でも、「（大学で研究員などを）補佐する人」を「フェロー」と呼ぶことがあります。「仲間」というニュアンスが込められています。キラーフレーズのmy fellow scientistsは、科学者がスピーチや手紙の最初に呼びかけで使うことが多いです。

## 528 altogether

[ɔ̀ːltəgéðər]

副 全部で・まったく

**キラーフレーズ**: an **altogether** new idea
（真新しいアイデア）

☺「全部(all)一緒に(together)」→「全部で」となります。さらに、単なる強調として「完全に・まったく」という意味もあります。

## 529 guarantee 動 保証する

[gèrəntí:]

**We guarantee you will be satisfied, or we will return the purchase price.**
((お客様の)ご満足を保証します。ご満足をいただけない場合、購入金額を返金いたします)

☺芸能人が言う「ギャラ」はguarantee「保証する」のことです。「テレビ出演が保証する金額」ということです。

## 530 editor 名 編集者

[édətər]

**a newspaper editor**
(新聞編集者)

☺動詞editは「編集する」という意味です。リスニングで、職業を聞いてくる問題の選択肢でよく使われます。ちなみにeditor in chiefなら「編集長」となります。

## 531 All you have to do is {to} 〜
〜するだけでよい

**All you have to do is push this button, and everything else is automatic.**
(ボタンを押すだけで、それ以外はすべて自動で動きます)

☺下で示しているように、Allの後に関係代名詞thatが省略されています。

All {that} you have to do is {to} 〜　　※toは省略可能
　　　　S　　　　　V　　C

「君がしなきゃいけないすべてのことは〜すること」→「君は〜するだけでよい」です。

---

**REVIEW**
☐ noted　　　　　　　　　☐ determined　　　　　☐ in an effort to 〜
☐ with the exception of 〜　☐ fluent　　　　　　　☐ Recent data indicates that 〜

## 532 public relations
**名** 広報

> Please contact our public relations department for further information.
> (さらなる情報については、広報部にご連絡ください)

☺ 略して"PR"と言えば一発でわかるでしょう。「公共に(public)関連させる(relations)」→「(広く世間にアピールする)広報」となります。

## 533 motivate
[móutəvèit] **動** やる気にさせる

> motivate employees
> (社員をやる気にさせる)

☺「モチベーション(motivation)」の動詞形がmotivateで「モチベーションを上げる・やる気にさせる」という意味です。受動態でもよく使われ、be motivated to improveなら、「改善するようにやる気にさせられる」→「改善する意欲がある」となります。

## 534 generous
[dʒénərəs] **形** 寛大な
▶ generosity **名** 寛大さ

> Thank you for your generous offer.
> (寛大な申し出に感謝します)

☺ generation「世代」と関連があり、generousは「生まれた世代がよい」→「寛大な・気前がよい」となりました。特に「お金での寛大さ・気前のよさ」に使われることが多く、Part 7の「寄付金」の話でよく出てきます。

## 535 feature
[fíːtʃər]

名 特集
動 特集する

**キラーフレーズ** **feature** story
（特集記事）

☺ もはや日本語でも「フィーチャーする」と使われていますが、**本来は「取り上げる・特集する」**という意味です。本番ではアセっているので、future「未来」との見間違いに注意してください。

## 536 forecast
[fɔ́ːrkæst]

名 予想
動 予想する

**キラーフレーズ** weather **forecast**
（天気予報）

☺「自分の考えを、前に(fore)投げる(cast)」→「予想をする」となります。for-は「前」、castは「投げる」という意味です。サッカーで「前にいる人」を「フォワード(forward)」と言い、「ニュースを世間に投げる人」を「ニュースキャスター(newscaster)」と言いますね。

## 537 comfort
[kʌ́mfərt]

名 快適さ

▶comfortable 形 快適な

**キラーフレーズ** **On this flight, blankets and pillows are provided for your comfort.**
（快適なご旅行のために、この便では毛布と枕を提供いたします）

☺ 車のCMなどで「上質のコンフォート」などと使われたりするので、comfortの意味を知っている人は多いのですが、キラーフレーズのfor your comfortは意味が取りづらいですね。ここでは直訳「お客様の快適さのために」から意訳して「快適なご旅行のために」となります。

REVIEW ☐take advantage of ～ ☐altogether ☐editor
☐fellow ☐guarantee ☐All you have to do is {to} ～

## 538 civic [sívik]

形 市民の

**a civic group**
（市民団体）

☺ 名詞citizenは「市民」という意味で、その形容詞形がcivicです。「市民の」のほかに「都市の・公民の」という意味もあり、商品名・メーカー名によく使われる単語なので、見覚えがあるかもしれません（civicは車、citizenは時計メーカーの名前に使われています）。

## 539 landscape [lǽndskèip]

名 風景

**a landscape painting**
（風景画）

☺ landから「土地を描いたもの」→「風景画」という意味になります（一応、scapeは「風景」という意味ですが、これは細かい知識なので無視してOKでしょう）。Part 7で「絵画教室の案内」などに使われる単語です。

## 540 seek to 〜

動 〜しようと努める

**seek to increase sales**
（売上高を伸ばそうと努める）

☺ seekは「求める」という意味です（余談ですが、「かくれんぼ」をhide-and-seekと言います）。seek to 〜 は「これから〜しようという動作を求める」→「〜しようと努める」になります。

## 541 frequent
[fríːkwənt]
形 頻繁な

**キラーフレーズ**
**frequent** changes
（頻繁な変更）

☺frequentの副詞形はfrequently「頻繁に」で、ホームページやパンフレットに使われる"FAQ"とはfrequently asked questions「頻繁に聞かれる質問」のことです。

## 542 theme
[θíːm]
名 テーマ

**キラーフレーズ**
the **theme** of this year's conference
（本年度の会議のテーマ）

☺本来はギリシャ語で、ギリシャ語ではthを「タ行」で読むので、「テーマ」となります（ほかの例には、Athens「アテネ」、esthetic「美的な（エステティック）」など）。英語での発音は「スィーム」です。

## 543 diversity
[dəvə́ːrsəti]
名 多様性

**キラーフレーズ**
workplace **diversity**
（職場の多様性）

☺形容詞diverseは「多様な」という意味で、その名詞形がdiversityです。東京のお台場には「ダイバーシティ東京プラザ」という複合商業施設がありますが、150の店がある「多様性を持った施設」と「台場」をかけた意味かと思います（「ディバーシティ」のほかに「ダイバーシティ」という発音もOK）。

REVIEW ☐ public relations ☐ generous ☐ forecast
☐ motivate ☐ feature ☐ comfort

## 544 illustrate
[íləstrèit]
**動** 説明する

**キラーフレーズ**
The success of the project **illustrates** how effective teamwork is.
(その企画が成功したことで、チームワークがいかによい結果をもたらすかがわかる)

☺「イラスト」は本来、「絵を使って説明したもの」という意味です。キラーフレーズの直訳は「企画の成功は、チームワークがどれほど効果的かを説明する」です。

## 545 well-being
[wèlbí:iŋ]
**名** 健康・幸福

**キラーフレーズ**
Eating well and avoiding stress are important for your **well-being**.
(よい食生活とストレスを避けることは健康にとって重要です)

☺wellには形容詞で「健康な」という意味があり、get well「体調がよくなる」という熟語はよく使われます。be well「健康である」が変形したのがwell-being「健康」で、さらに「心の健康」→「幸福」となりました。

## 546 supervise
[sú:pərvàiz]
**動** 監督する
▶ supervisor **名** 上司

**キラーフレーズ**
**supervise** subordinates
(部下を監督する)

☺「上から(super)見る(vise＝vision)」→「監督する」です。「人以外のものを監督する」ときにも使えます。たとえば、supervise a project「プロジェクトを監督する」です。

周回CHECK!! | 1 / | 2 / | 3 / | 4 / | 5 / | 6 / |

## 547 physical

[fízikl]

形 身体の

**physical labor**
(肉体労働)

☺ スポーツの世界(特にサッカー)で、体の強さを「フィジカル」と言っています。ちなみに、a physical examは「身体検査」です。

## 548 revise

[riváiz]

動 改訂する

▶ revision 名 改訂

**revise a contract**
(契約を改訂する)

☺ 「再び(re)見る(vise＝vision)」→「改訂する・修正する」となりました。

## 549 in regard to 〜

前 〜に関して

**I am writing in regard to your question about the production schedule.**
(この手紙は、生産計画についてのご質問に関するものです)

☺ in regard to 〜 のほかに、同じ意味で **in reference to 〜** という言い方もあります。regard・reference、共に「関連」という意味があり、「〜に(to)関連(regard・reference)した中で(in)」→「〜に関して」です。

REVIEW
□ civic
□ landscape
□ seek to 〜
□ frequent
□ theme
□ diversity

## 550 be eligible for 〜

**動** 〜の資格がある

> **キラーフレーズ**
> Employees who have worked at the company for at least 5 years **are eligible for** 20 days paid vacation per year.
> （5年以上勤務している従業員は、年に20日の有給休暇を取ることができます）

☺ 辞書ではかなりマイナーな扱いを受けている熟語ですが、TOEICでは超重要です。もともとは「〜を選ぶことができる」という意味で、TOEICでは「〜の資格・権利がある」という意味で使われます。

## 551 focus on 〜

**動** 〜に重点を置く

> **キラーフレーズ**
> This year, we are **focusing on** improving customer satisfaction.
> （今年は、顧客満足度向上に重点を置いています）

☺ focusは「カメラのピントを合わせる」イメージです。そのまま日本語でも「フォーカスする」と使われることがありますね。キラーフレーズのように、ビジネスの戦略として、どこに重点を置くかを述べるときにも使います。

## 552 brochure

**名** パンフレット

[brouʃúər]

> **キラーフレーズ**
> a **brochure** for a health club
> （フィットネスクラブのパンフレット）

☺ 「パンフレット」に関しては、pamphletという単語もあるのですが、圧倒的にbrochureのほうが使われます。もとがフランス語なので「ブロウシュア」なんて変な発音です。

**周回CHECK!!** | 1 / | 2 / | 3 / | 4 / | 5 / | 6 /

## 553 diligent
[dílidʒənt]
形 勤勉な

キラーフレーズ
**Ms. Mullen's diligent work allowed us to finish the project on time.**
(Mullenさんの熱心な仕事のおかげで、プロジェクトを予定通り終わらせることができた)

☺ TOEICには勤勉な人がよく出てきますので、「勤勉」という意味を持つ3つの単語、**hardworking・earnest・diligent**をしっかりチェックしておいてください。

## 554 possess
[pəzés]
動 所有する

キラーフレーズ
**possess many good ideas**
(よいアイデアをたくさん持っている)

☺ possessの名詞形がpossession「所有」です。日本でもサッカーの中継で「ボール所有率」を「ポゼッション（possession）」と言うようになりました。

## 555 inquire
[inkwáiər]
動 問い合わせる
▶ inquiry 名 問い合わせ

キラーフレーズ
**inquire about a delivery**
(配達について問い合わせる)

☺ askのイメージを堅くしたような単語です。TOEICでは、配達される予定の品物が予定通りに届かず、問い合わせる状況で出てきます。

---

**REVIEW**
□ illustrate　□ supervise　□ revise
□ well-being　□ physical　□ in regard to 〜

## 556 sufficient 形 十分な
[səfíʃənt]

**キラーフレーズ:** sufficient funds
（十分な資金）

😊 sufficient=enoughと考えてください。対義語のinsufficient「不十分な」もよく使われます。

## 557 respondent 名 回答者
[rispá:ndənt]

**キラーフレーズ:** We will give all respondents to our online survey a coupon for 10% off their next purchase.
（弊社のオンライン調査の回答者全員に、次回のお買い物に使える10%割引券を差し上げます）

😊 「調査などにレスポンスする人」ということです。キラーフレーズは"give 人 物"の構造で、人はall respondents to our online survey、物がa coupon for 10% off their next purchaseです。

## 558 ingredient 名 材料
[ingrí:diənt]

**キラーフレーズ:** Bread is made from five main ingredients: flour, water, yeast, sugar, and salt.
（パンは5つの主な材料からできます。小麦粉、水、イースト、砂糖、食塩です）

😊 inに注目して「中に入っているもの」→「材料」と連想してください。Part 4・7の料理関係の話では、ただでさえ食材名が難しいので、こういう基本単語までわからないと、壊滅的です。しっかりチェックを。

**周回CHECK!!** | 1 / | 2 / | 3 / | 4 / | 5 / | 6 / |

## 559 extend

[iksténd]

**動** 延ばす

**キラーフレーズ**: **extend** the due date
（締め切り日を延ばす）

☺ 若い女性は、「つけ毛」を「エクステ」と言いますが、これはextension「延長」のことです。extensionの動詞形がextendです。

## 560 extension

[iksténʃən]

**名** 内線

**キラーフレーズ**: Please connect me with **extension** 4522.
（内線4522番におつなぎください）

☺ もともと「延長」という意味で、「**外からつながっている電話線を、社内に延長したもの**」→「**内線**」という意味になりました。ext. と省略されることもよくあります。

## 561 extensive

[iksténsiv]

**形** 広範囲にわたる

**キラーフレーズ**: **extensive** research
（広範囲にわたる調査）

☺ 「**いろんな分野に延長するような**」→「**広範囲にわたる**」となりました。地味な単語ですが、よく出てきますし、苦手にする人がかなり多い要注意単語です。

---

**REVIEW**
- □ be eligible for 〜
- □ focus on 〜
- □ brochure
- □ diligent
- □ possess
- □ inquire

## 562 lead role
**名** 主役

**キラーフレーズ** play the lead role in a movie
（映画の主役を演じる）

☺ Part 4 でたまに出る超難問は「映画の宣伝」です。「先頭(lead)に出る役割(role)」→「主役」となりました。キラーフレーズのように play ～ role「～の役割を演じる」という形でもよく使われます。また、leading role と書かれることもあります。

## 563 screenplay
[skríːnplèi]
**名** 脚本

**キラーフレーズ** The screenplay is adapted from a popular novel.
（脚本は人気小説をもとにしています）

☺「映画(screen)で演技(play)をするときの本」→「脚本」という意味です。キラーフレーズの文は設問でよく狙われます。adapt は「適応させる」→「少し変更する」→「脚色する」という意味で、直訳は「脚本は人気小説から脚色されたもの」→「人気小説をもとにしている」となります。

## 564 shoot
[ʃúːt]
**名** 撮影
**動** 撮影する

**キラーフレーズ** shoot a photograph
（写真を撮る）

☺ 本来「勢いよく飛ばす・シュートする」で、写真撮影の「バシャバシャいうシャッター音」がイメージされ、「撮影(する)」という意味になりました。a photo shoot なら「写真撮影会」です。

Unit
13

# 絶対に知っておきたい「基本単語」③

600点の大台をクリアするための語句

---

ここまでマスターすれば、なかなかの語彙力です。それはTOEICに限らず、日常生活のいろいろな場面でも役立つはずです。

## 565 surpass [səːrpǽs]

**動** 超える

**キラーフレーズ** surpass the previous record
（それまでの記録を超える）

☺「上を(sur)過ぎ去る(pass)」→「超える」となりました。「上」という意味のsurは、survive「上(sur)を生きる(vive)」→「生き延びる・長生きする」などで使われています。

## 566 surface [sə́ːrfəs]

**名** 表面

**キラーフレーズ** The surface of the lake reflected the light of the setting sun.
（湖の表面は沈む夕日の光を反射していました）

☺「顔(face)の上(sur)」→「表面」という意味です。Part 1は「湖の表面」といった表現が大好きなので、キラーフレーズをしっかりチェックしておいてください。

## 567 skilled [skíld]

**形** 腕のよい

**キラーフレーズ** highly skilled craftspeople
（極めて腕のよい職人）

☺名詞skill「技術」は有名ですが、実は動詞で「技術をたたき込む」という意味があり、過去分詞形skilledで「技術をたたき込まれた」→「腕のよい」となります。

周回CHECK!! | 1 / | 2 / | 3 / | 4 / | 5 / | 6 / |

## 568 negligence 名 過失・不注意
[néglidʒəns]

**be liable for negligence**
(過失責任がある)

😊 動詞neglect「怠る・見落とす」の名詞形がnegligenceです。フランス語の「ネグリジェ（女性が寝るときに着る服）」は「きちんとした服装を怠った（怠けた）服・ダラっとした服」という意味です。

## 569 pass ～ on to ... 動 ～を…に伝える

**Please pass the following information on to them.**
（以下のお知らせを彼らにお伝えください）

😊 passは「パスする」→「伝える」、onは「継続（どんどん）」、toは「～に」という意味です。

## 570 comprehensive 形 広範囲にわたる
[kà:mprihénsiv]

**comprehensive training**
（広範囲にわたる（総合的な）トレーニング）

😊 名詞comprehensionは「理解」という意味です。その形容詞形comprehensiveは「理解力がある」が文字通りの意味ですが、そこから**「多くのものを頭に含むことができる」→「広範囲にわたる」**となり、TOEICではこちらの意味のほうがよく出ます。

---

REVIEW
- □ sufficient
- □ respondent
- □ ingredient
- □ extend
- □ extension
- □ extensive
- □ lead role
- □ screenplay
- □ shoot

## 571 preservation 名 保護
[prèzərvéiʃən]

**キラーフレーズ** forest preservation
（森林保護）

😊 動詞preserveは「前もって(pre)取っておく(serve)」→「保存する」で、その名詞形がpreservationです。Part 7では「森林保護のために活動している人のトークショー」などの話で、forest preservationが使われます。

## 572 pursue 動 追う・実行する
[pərs(j)úː]

**キラーフレーズ** pursue a strategy
（戦略を実行する）

😊 「追う」という意味が有名なのですが、「(企画を)追い求める」→「実行する」という意味のほうも、TOEICでは重要です。

## 573 crack 動 ひびが入る
[krǽk]

**キラーフレーズ** The hot dish cracked when cold water was poured into it.
（熱いままの食器に、冷たい水をかけたらひびが入った）

😊 音からできた単語で「ひびが入る音(ピシッ)・割れる音(パリッ)・破裂する音(パンッ)」のことを言います。「パーティーのクラッカー(cracker)」も「食べ物のクラッカー(cracker)」も、音からきているわけです。

## 574 drawer

[drɔ́ːr]

**名 引き出し**

**キラーフレーズ** **lock a drawer**
（引き出しに鍵をかける）

😊 **動詞drawは本来「引く」という意味**です。「線を引く」から「描く」となっただけなんです。drawの名詞形drawerは「引くもの」→「引き出し」です。

## 575 commitment

[kəmítmənt]

**名 関わり合い・献身・専念**

**キラーフレーズ** **commitment to one's work**
（仕事を何があってもやり遂げようとする姿勢）

😊 commit「委ねる」の名詞形がcommitmentです。日本語でも何かに「関わりを持つこと・献身的にやり遂げようとする姿勢」という意味で「コミットメント」と使われています。

## 576 hand out

**動 配る**

**キラーフレーズ** **hand out papers**
（書類を配る）

😊 「手で配って(hand)、広く行きわたるように(out)する」です。日本の大学でも、授業のプリントを「ハンドアウト」と言うことがあります。名詞の場合はhandout「配布資料」と1語になります。

---

REVIEW　□ surpass　　　□ skilled　　　　□ pass ～ on to ...
　　　　□ surface　　　□ negligence　　□ comprehensive

## 577 tighten
[táitn]
**動** しっかり締める

**キラーフレーズ**
**tighten** a screw
((ゆるい)ネジを締める)

😊「タイト(tight)を中に込める(en)」→「締める」となりました。enjoyと同じ"en"ですが、このように語尾につく場合もあります。対義語loosen「緩くする」も、loose+enです。

## 578 server
[sə́:rvər]
**名** 給仕係

**キラーフレーズ**
Your **server** will be with you shortly.
(まもなく給仕係が参ります)

😊**超重要多義語serveには「(飲食物を)出す」という意味があります。**serverは「飲食物を出す人(waiter or waitress)」のことです。waiter・waitressは、性別がわかるときにしか使えませんが、serverは男女問わず使えます。

## 579 sweep
[swí:p]
**動** 掃く

**キラーフレーズ**
**sweep** the floor
(床を掃く)

😊「スイープ」という響きは**「床をスーッと掃く」というイメージです。**サッカーで相手の攻撃を撃退するポジションを「スイーパー」と言いますが、本来「掃除をする人・掃除機」という意味なんです。

## 580 retrieve

[ritríːv]

**動** 回収する

**キラーフレーズ:** **retrieve** a forgotten password
（忘れてしまったパスワードをもう一度取得する）

☺「ゴールデンレトリバー（golden retriever）」は「（ハンターが撃ち落とした獲物を）持って帰ってくる犬」です。キラーフレーズは、パスワードを忘れたとき（事前に決めた）質問に答えてパスワードを確認できるシステムを使って「情報を取り戻す」ということです。

## 581 scrub

[skrʌ́b]

**動** ゴシゴシ洗う

**キラーフレーズ:** **scrub** a tile floor
（タイルばりの床をゴシゴシ洗う）

☺男性用の洗顔料・シャンプーでは「スクラブ（scrub）成分」という言葉がよく使われています。「汚れをゴシゴシ洗い落とす」という意味です。「ブラシやたわしで洗う」ときに使います。

## 582 take a bite

**動** かじる・ひと口食べる

**キラーフレーズ:** **take a bite** of food
（食べ物をひと口食べる）

☺biteはもともと「かみつくこと」で、そこから「ひと口食べること」という意味になりました。ウェディングケーキを新郎新婦が最初に食べさせ合うことを「ファーストバイト」と言います。

---

**REVIEW**
- □ preservation
- □ pursue
- □ crack
- □ drawer
- □ commitment
- □ hand out

## 583 point at 〜

動 〜を指さす

**キラーフレーズ:** **point at** a diagram
（図形を指さす）

😊 pointは動詞で「指さす」という意味です。もともとは「とがった先端」という意味で、マウスの「ポインタ」もここからきています。atは「〜をめがけて」という意味です。

## 584 lab

名 研究室

[lǽb]

**キラーフレーズ:** work in a research **lab**
（研究室で働く）

😊 labはlaboratoryの略です。長い単語なのでネイティブも短くして使います。日本語でも最近は、研究所やサロンで「○○ラボ」のように使われることがあります。

## 585 get to 〜

動 〜に取りかかる

**キラーフレーズ:** **get to** work
（作業に取りかかる・職場に着く）

😊 getには「向かう」という意味があり、前置詞のtoは「到達」を示しますので、キラーフレーズのget to workは「仕事に向かい、到達する」→「作業に取りかかる・職場に着く」となります。

## 586 organize

[ɔ́ːrɡənàiz]

**動** 整理する

**キラーフレーズ** **organize** one's files
（ファイルを整理する）

☺organization「組織」という単語の動詞形がorganizeです。「組織する」→「（きちんと）まとめる・整理する」となりました。

## 587 grant

[ɡrǽnt]

**名** 補助金・奨学金

**キラーフレーズ** a research **grant**
（研究助成金）

☺grantはもともと動詞で「与える・認める（許可を与える）」という意味で、grant him permission「彼に許可を与える」となります。さらに、「**（認められて、与えられた）お金**」→「**補助金**」となりました。「補助金」という意味のほかに、留学の話では「奨学金」という意味で使われます。

## 588 excursion

[ikskə́ːrʃən]

**名** 小旅行

**キラーフレーズ** a one-day **excursion**
（日帰りの小旅行）

☺ex-は「外に」という意味で、excursionは「外に出ること」という意味です。また、海外旅行先での短いツアー（島や遺跡めぐり）を「エクスカーション」と言い、この言葉は日本のガイドブックでも使われています。

---

REVIEW □ tighten　□ sweep　□ scrub
　　　　□ server　□ retrieve　□ take a bite

## 589 multiple
[mʌ́ltəpl]
形 複数の

**キラーフレーズ**
**multiple** answers allowed
(複数回答可)

😊「マルチタレント」とは「(歌・バラエティーなど)たくさんのことをするタレント」です。キラーフレーズのmultiple answers allowedは、Part 7 のアンケートの話で使われます。

## 590 put together
動 まとめる

**キラーフレーズ**
**put together** a list of questions
(質問をリストにまとめる)

😊「一緒に(together)置く(put)」→「まとめる」となります。リスニングで「仕事の指示を出す話」で使われます。

## 591 scale
[skéil]
名 はかり・体重計・規模

**キラーフレーズ**
stand on a **scale**
(体重計の上に立つ)

😊 映画のCMなどで「壮大なスケール」とよく言います。TOEICのPart 7 では、scale「規模」という意味で使われ、on a global scale「世界規模で」となります。意外と見落とすのが「はかり・体重計」の意味で、これはPart 1 で使われます。

## 592 contemporary 形 現代の
[kəntémpərèri]

**キラーフレーズ** a **contemporary** design
（現代のデザイン）

☺「一緒の(con)時間(tempo：テンポ)を過ごす」→「同時代の」が本来の意味です。そこから「**今私たちが同じ時代にいる**」→「**現代の**」となりました。日本の美術館でも「現代美術」を「コンテンポラリーアート」と言うことがあります。

## 593 lay off 動 解雇する

**キラーフレーズ** **lay off** factory workers
（工場の労働者を解雇する）

☺「労働者を離れたところに(off)置く(lay)」→「解雇する」ということです。本来は「不況で一時的に解雇する」という意味で、多くの単語帳にも「（一時的に）解雇する」と書かれていますが、実際にはそれは建前で、「**完全解雇**」の意味で使われることがほとんどです。

## 594 worthwhile 形 価値がある
[wə́ːrθwáil]

**キラーフレーズ** a **worthwhile** experience
（貴重な経験）

☺worth「～の価値がある」は前置詞です。また、whileは接続詞「～の間に」が有名ですが、本来は名詞「時間」という意味です(for a while「しばらくの間」で有名)。worthwhileで「時間をかけるに値する」→「価値がある」となりました。

---

**REVIEW**　□ point at ～　□ get to ～　□ grant
　　　　　　□ lab　　　　　□ organize　□ excursion

## 595 bulletin board
**名** 掲示版

**キラーフレーズ** a notice on a bulletin board
（掲示板に貼ってあるお知らせ）

☺bulletinはイタリア語の「教皇の布告」が語源なんですが、これはあまり参考にならないので、ここはbullet（弾丸）と関連づけて（「新幹線」をbullet trainと言い、直訳は「弾丸列車」）、「弾丸のような速報（bullet）をのせる板（board）」→「掲示版」と考えるといいと思います。

## 596 dye
[dái]

**名** 染料
**動** 染める

**キラーフレーズ** spill dye on a shirt
（ワイシャツに染料をこぼす）

☺少し前までは、「髪を染めるもの」を「ヘアダイ（hair dye）」と言っていましたが、若い人はあまり知らないようです。ちなみに、キラーフレーズのspillは「こぼす」という動詞で、dyeは名詞です。

## 597 picturesque
[pìktʃərésk]

**形** 絵のような・美しい

**キラーフレーズ** a picturesque landscape
（絵のような風景）

☺本来は「pictureのような」という意味のイタリア語です。

## 598 masterpiece 名 名作
[mǽstərpìːs]

**キラーフレーズ** a **masterpiece** by Shakespeare
（シェークスピアの名作）

☺「巨匠(master)が作った1つの作品(a piece of work)」→「名作・傑作」となりました。最近の若い人は、何かが上手な人を「○○マスター」なんて呼びます。「巨匠・名人」の意味です(かなり大げさですが)。

## 599 nutrition 名 栄養
[n(j)u(:)tríʃən]

**キラーフレーズ** There isn't a lot of **nutrition** in soft drinks.
（ソフトドリンクには栄養があまりありません）

☺nurtureは「養育(する)」という意味で、有名な言い回しに、Nature or nurture?「生まれか育ちか？(素質なのか環境なのか)」があります。このnurtureと語源が同じnutritionは「(育てるための)栄養」という意味です。

## 600 yield 動 産出する　名 産出物・出来高
[jíːld]

**キラーフレーズ** crop **yield**
（作物の収穫高）

☺もともと「産出する・産出物」という意味で、「ビジネスでの産出」→「出来高・利回り」という意味も生まれました。少し難しい例では、bond yield「債券の利回り」という言い方もあります。

---

**REVIEW** □ multiple　□ put together　□ scale　□ contemporary　□ lay off　□ worthwhile

## 601 mentoring

[méntɔːriŋ]

**名** 指導

**キラーフレーズ**
a **mentoring** program for young scientists
(若き科学者のための指導制度)

☺ mentor「指導する・指導者」は、辞書に載っていないこともあるのですが、最近は若い社会人が「アドバイスをくれる人」という意味で「メンター」と使っており、日本のビジネス書に氾濫しています。mentorに-ingがついて「指導（すること）」となっただけです。

## 602 mentee

[mentíː]

**名** 指導を受ける人

**キラーフレーズ**
There is a meeting for mentors and **mentees** after work on Friday.
(指導者及び指導を受ける人のための集まりが、金曜日の業務終了後にあります)

☺ mentorの-orが-ee（〜される人）になって、menteeは「指導される人」となりました。「mentorがmenteeを指導する」という関係です。

## 603 speak highly of 〜

**動** 〜を高く評価する

**キラーフレーズ**
Mr. Healy **speaks highly of** your communication skills.
(Healyさんはあなたのコミュニケーション能力を高く評価しています)

☺「〜について（of）高い評価で（highly）話す（speak）」→「〜を高く評価する」です。このofは、think of 〜「〜について考える」と同じofで、「〜について」という意味です。

## 604 workforce
[wə́ːrkfɔ̀ːrs]

名 労働人口

**The factory has a workforce of 350 people.**
(その工場には350人の労働者がいます)

☺ forceは「力」という意味です。workforceは、labor forceとも言います。

## 605 characterize
[kǽrəktəràiz]

動 特徴づける

**Impressionist paintings are characterized by their creative use of color.**
(印象派による絵画は、創造的な色の使い方が特徴である)

☺「キャラをつける」というイメージの単語で、be characterized by 〜「〜によって特徴をつけられている」→「〜が特徴である」となりました。

## 606 hypothesis
[haipά:θəsis]

名 仮説

**confirm the hypothesis**
(仮説を確認する)

☺ 本来はお堅いギリシャ語で、難しい雰囲気を醸し出しています。ビジネスでも「仮説→検証」は大事な作業ですから、TOEICでも普通に出てくる単語です。

REVIEW
- ☐ bulletin board
- ☐ dye
- ☐ picturesque
- ☐ masterpiece
- ☐ nutrition
- ☐ yield

## 607 be authorized to ～

**動** ～をする権限が与えられている

**キラーフレーズ** Mr. Dodds **is authorized to** sign contracts on behalf of the company.
（Doddsさんは会社を代表して契約にサインする権限があります）

☺authorizeは「オーソリティー（authority：権威）を与える」→「権限を与える」ということです。authorize 人 to ～「人 に～する権限を与える」という形の受動態がbe authorized to ～ です。

## 608 assess

**動** 評価する

[əsés]

**キラーフレーズ** **assess** staff members on their job performance
（スタッフを業績で評価する）

☺名詞形はassessment「評価」で、日本でも最近は「アセスメント」という言葉がいろいろな分野（人材派遣・環境保全・教育など）で使われ始めています。キラーフレーズのonは「土台（～に基づいて）」という意味です。

## 609 resident

**名** 住民

[rézədənt]

**キラーフレーズ** a Florida **resident**
（フロリダ州の住民）

☺日本の不動産会社やマンションでも「レジデンス」という単語が使われることが増えてきました。residenceは「住居」という意味で、それと関連したresidentは「（そこに住む）住民」という意味です。

## 610 ceiling
[síːliŋ]
名 天井

**キラーフレーズ: ceiling light**
（天井照明）

☺ インテリアショップでは最近、天井照明のことを「シーリングライト」と表記することが増えてきました。

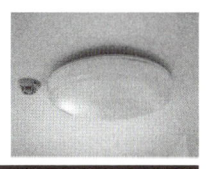

## 611 mandatory
[mǽndətɔ̀ːri]
形 義務の

**キラーフレーズ: Your application will not be accepted if you do not complete all of the mandatory forms.**
（必要書類すべてを記入しない場合、申請を受理いたしません）

☺ 動詞mandate「命令する」の形容詞形がmandatoryです。mandateはあまり出てきませんが、mandatoryのほうはTOEICで超重要単語です。キラーフレーズのmandatory formsの直訳は「書くことが義務である書類」です。

## 612 at one's earliest convenience
副 都合がつき次第

**キラーフレーズ: Please call us back at your earliest convenience to reschedule your appointment.**
（予約を変更するために、都合がつき次第、折り返しお電話ください）

☺「もっとも早い都合（earliest convenience）がつくときに（at）」→「都合がつき次第」となりました。

---

REVIEW
□ mentoring　□ speak highly of 〜　□ characterize
□ mentee　□ workforce　□ hypothesis

## 613 routine
[ruːtíːn]

**名** 日常業務

**キラーフレーズ**
one's daily routine
（日課）

😊「毎日やらなければいけない決まりきった作業」を、日本語でも「ルーティーン」と言うようになりました。形容詞的に使われることも多く、routine maintenanceで「定期的なメンテナンス」となります。

## 614 scratch
[skrætʃ]

**動** 傷をつける

**キラーフレーズ**
My car door got scratched in the parking lot while I was shopping.
（買い物をしている間に、車のドアが傷つけられました）

😊 もともと「ガリガリひっかく」という意味で、「銀色部分をコインでガリガリひっかく」のが宝くじの「スクラッチ」、DJが「レコードをガリガリひっかく」のも「スクラッチ」と言います。

## 615 periodically
[pìəriáːdikəli]

**副** 定期的に・ときどき

**キラーフレーズ**
periodically visit the dentist
（ときどき歯科医に診てもらう）

😊 periodは「期間」、periodicalは「定期刊行物」です。副詞periodicallyは「ある程度の期間ごとに」→「周期的に・定期的に・ときどき」です。よく「定期的に」としか訳されていませんが、必ずしも一定周期である必要はなく「ときどき」の意味でも使われることがあります。

# Unit 14

# 上級者を目指す「応用単語」①

800点を目指すための語句

---

ハイスコア獲得に必要な語句をマスターしていきましょう。応用と言っても、TOEICにはよく出るものばかりなので、一切手を抜かずにマスターしてください。問題を解くのが少しずつラクになっていくはずです。

## 616 stunning
[stʌ́niŋ]

形 驚くほど美しい

**キラーフレーズ**
a **stunning** view of the ocean
（とても美しい海の景色）

☺ stunは「気絶させる」で、「スタンガン（stun gun）」は電流で人を「気絶させる」ものです。stunningはスタンガンをくらったような「全身に電流が流れる衝撃」に使います。

## 617 verification
[vèrəfikéiʃən]

名 確認・照合

▶ verify 動 確かめる

**キラーフレーズ**
signature **verification**
（署名の照合）

☺ 意外なことにveryの語源は「真実の」なんです。「真実の」→「本当に・とても」となりました。動詞verify「確かめる」も同じ語源で、「真実の」→「真実かどうか確かめる」です。名詞verificationは「確かめること」で、credit card verificationなら「クレジットカード照合」です。

## 618 engage in 〜

動 〜に従事する

**キラーフレーズ**
**engage in** research
（研究に従事する）

☺ engageは「従事させる」という他動詞が有名です。受動態の、人 is engaged in 〜「人 は〜に従事している」でよく使われます。これが基本ですが、ハイスコアを目指す人は自動詞「〜に従事する」もチェックを（Part 5で出たことがあります）。この場合、見出し語のようにengage in 〜 となります。

| 周回CHECK!! | 1 / | 2 / | 3 / | 4 / | 5 / | 6 / |

## 619 fashion-conscious 形 流行に関心の高い
[fǽʃənkɑ̀ːnʃəs]

**a fashion-conscious consumer**
(流行に関心の高い消費者)

☺ ○○-consciousは「○○を意識した」という意味です。古い話になりますが、30年ほど前に流行った「ボディコン」はbody-conscious「体のラインを意識した服」です。fashionは「流行」という意味が重要です(辞書で一番上に載っているはずです)。

## 620 postmark 動 消印を押す
[póustmɑ̀ːrk]

**Applications postmarked after January 31 will not be accepted.**
(1月31日より後の消印の申し込みは受けつけできません)

☺「郵便局(post)印を押す(mark)」→「消印を押す」です。キラーフレーズの内容を確認すると「1月31日より後はアウト」ということは、「2月1日はアウト」ですが「1月31日の消印はOK」です。

## 621 acknowledgement 名 受け取り通知書・謝辞
[əknɑ́ːlidʒmənt]

**We will send you an acknowledgement of receipt of payment after we confirm your deposit.**
(ご入金の確認ができましたら受け取り通知書をお送りします)

☺ 動詞acknowledgeは「認める」という意味です。「認める」→「受け取ったことを認める」→「礼を言う」となりました。acknowledgements at the front of a bookは「本の最初にある謝辞」という意味です。

---

**REVIEW**
- □ be authorized to ~
- □ assess
- □ resident
- □ ceiling
- □ mandatory
- □ at one's earliest convenience
- □ routine
- □ scratch
- □ periodically

## 622 certified
[sə́ːrtəfàid]
**形** 資格を持った
▶ certificate **名** 証明書・認定書

**キラーフレーズ** **certified** inspector
（資格を持った検査官）

☺ 動詞certifyは「確かなもの（certain）にする」→「証明する・認定する」ということです。過去分詞形のcertifiedは「認定された」→「公認の」となります。

## 623 halt
[hɔ́ːlt]
**動** 中止する

**キラーフレーズ** **halt** production
（生産を中断する）

☺ stopと同じ意味です。haltは本来ドイツ語で、少し難しい感じがしますが、TOEICではよく出ます。ビジネスに関する記事で「売れない商品の生産を中断する」といった話題で出てきます。

## 624 proven
[prúːvn]
**形** 証明された

**キラーフレーズ** **proven** manufacturer
（（実績があると）証明されているメーカー）

☺ prove「証明する」の過去分詞形proven「証明された」は、そのまま辞書にも載っています。本来は「よい・悪いがハッキリと証明された」という意味ですが、実際には「よいと証明された」という意味で使われることが多いです。

## 625 spare
[spéər]

**形** 空いている

**キラーフレーズ** What do you like to do in your spare time?
(暇なときはどんなことをしますか？)

☺「スペアキー」は「予備のカギ」ですね。「**予備の（時間）**」→「**空いている**」です。キラーフレーズは趣味を聞くときに使う言い方です。「趣味」はhobbyが浮かぶかもしれませんが、hobbyは「（時間もお金もかかる）かなり凝った趣味」のときにしか使わないんです。

## 626 on-site
[á:nsáit]

**形** 敷地内の

**キラーフレーズ** on-site childcare center
(社内の託児所)

☺「場所(site)にくっついて(on)」→「敷地内の・会社内の」となりました。on-site physicianなら「社内診療所の医師」です。

## 627 as of 〜

**前** 〜現在で

**キラーフレーズ** As of today, 41 fulltime employees work at this company.
(現時点ではこの会社に41人の正社員が勤めています)

☺ビジネスの報告で、その数字が「いつのデータか？」はすごく重要ですね。そのときに使われるのがas of 〜 という熟語です。本来は法律用語なので堅い感じがするのですが、実際にはよく使われます。

---

**REVIEW** ☐ stunning ☐ engage in 〜 ☐ postmark
☐ verification ☐ fashion-conscious ☐ acknowledgement

## 628 optimistic
[à:ptəmístik]
形 楽観的な

**an optimistic opinion**
(楽観的な意見)

😊 opti-は「前を見る」という意味です。たとえば、option「選択」は「前向きに選ぶ」ということです。optimisticは「前向き」→「楽観的」です。キラーフレーズのoptimistic opinionは、op-で韻を踏む、リズムがよい表現です。

## 629 prescription
[priskrípʃən]
名 処方せん

**prescription drugs**
(医師の処方せんが必要な薬)

😊 「医者が事前に(pre)書いたもの(script)」→「処方せん」となりました(「原稿(書いたもの)」をscriptと言います)。病院関係の単語は難しいので苦手な人が多いようですから、しっかりチェックしておきましょう。

## 630 pharmacy
[fá:rməsi]
名 薬局

**a 24-hour pharmacy**
(24時間営業の薬局)

😊 海外では、薬局に"PHARMACY"と、ドーンと書いてあります。最近は日本の薬局でも、看板にpharmacyと表記する店が増えてきましたので、チェックしてみてください。

## 631 allergy

名 アレルギー

[ǽlərdʒi]

**キラーフレーズ** have an **allergy** to oysters
（カキのアレルギーがある）

☺発音は「**アラジー**」ですので、特にリスニングで注意が必要な単語です。人によっては、海外旅行中に病院や薬局で使うこともあると思います。

## 632 informative

形 有益な

[infɔ́:rmətiv]

**キラーフレーズ** an **informative** presentation
（有益なプレゼン）

☺「informationに満ちた」→「知識を与えるような・有益な」となりました。リスニングで「あのプレゼンはinformativeだったから次回は聞いたほうがいいよ」といった内容がよく出ます。

## 633 cough

名 咳

[kɔ́(:)f]

**キラーフレーズ** have a **cough** and a sore throat
（咳が出て、のどが痛い）

☺音から生まれた単語で、日本語で咳は「ゴホゴホ」ですが、英語は「コフコフ」でcoughになりました（英語のほうは「乾いた咳」のイメージがしますね）。

---

**REVIEW** □ certified　□ proven　□ on-site
□ halt　□ spare　□ as of 〜

## 634 luncheon
[lʌ́ntʃən]

名 昼食会

**キラーフレーズ** a speaker at a **luncheon**
(昼食会での演説者)

☺ランチを食べるときにテーブルに敷くものを「ランチョンマット」と言い、地味に日本語になっている不思議な単語です。仮にそれを知らなくてもlunchというつづりから覚えるとラクですね。

## 635 culinary
[kʌ́lənèri]

形 料理の

**キラーフレーズ** This is one of chef Reynaud's latest **culinary** creations.
(こちらはReynaudシェフの最新の創作料理の1つでございます)

☺cuisineが「料理」という意味で、最近はレストランの名前やホテルのレストラン案内でよく使われています。それと関連があるのがculinaryで「料理の」という意味です。また、料理の専門学校にculinary school「料理学校」と書かれていることがあります。

## 636 arise
[əráiz]

動 生じる

**キラーフレーズ** Conflicts **arise** when team members don't communicate well.
(チームのメンバーでコミュニケーションがうまく取れていないと、対立が生じてしまう)

☺arise = riseと考えてOKです（aは強調でついただけ）。変化もriseに準じて、arise-arose-arisenです。

## 637 enthusiasm

[inθ(j)úːziæzm]

名 熱意

**enthusiasm for foreign travel**
(海外旅行したいと強く思う気持ち)

☺本来ギリシャ語で「神が乗り移った状態」という仰々しい単語なので、つづりも長くて難しい感じです(thusがギリシャ語で「神」ですが、難しいので「つづりの真ん中に神様がいる」くらいに流してOKです)。形容詞形enthusiastic「熱狂的な・熱心な」も大事です。

## 638 appetizer

[ǽpətàizər]

名 前菜

**order an appetizer**
(前菜を注文する)

☺appetiteが「食欲」という意味で、appetizerは「食欲(appetite)を促進するもの」→「前菜」という意味です。日本でもレストランのメニューによく書いてあります。

## 639 mortgage

[mɔ́ːrgidʒ]

名 住宅ローン

**pay off a mortgage**
(住宅ローンを完済する)

☺もともとは「抵当」→「抵当で借りた金」→「住宅ローン」となりました。Part 7の難しめの英文で使われます。

---

REVIEW
□ optimistic  □ pharmacy  □ informative
□ prescription  □ allergy  □ cough

## 640 influential
[ínfluénʃəl]

**形** 影響力のある

**キラーフレーズ** an **influential** business leader
（影響力のあるビジネスリーダー）

😊 名詞influenceの形容詞形がinfluentialです。ニュースで「もっとも影響力のある世界の女性100人」といった表現を耳にしますが、そういう場面でこのinfluentialが使われます。

## 641 expertise
[èkspərtí:z]

**名** 専門知識

**キラーフレーズ** online marketing **expertise**
（オンラインマーケティングの専門知識）

😊 つづりの中にexpertがあるので、意味は難しくないでしょう。「求人」の話の「専門知識が必要」といった英文で出てきます。資格条件はよく問われるので、この単語が直接設問にからむことがよくあります。

## 642 activate
[æktəvèit]

**動** 始動させる・有効にする

**キラーフレーズ** **activate** a new credit card
（新しいクレジットカードを有効にする）

😊 アメリカなどでは、カードが届いてから電話をかけて確認をとることでカードを有効化させます。**「actできる状態にする」→「始動させる」**となり、activate a machineなら「機械を始動させる」です。さらに「有効にする」もよく使われます。

## 643 comply with ～
動 ～に応じる

**comply with** shareholders' requests
(株主からの要望に応じる)

☺complyの名詞形compliance「法令遵守(会社や世の中の決まりに従うこと)」は日本語でも「コンプライアンス」として使われています。動詞形complyは「(決まりに)従う・応じる」、withは「関連(～について)」です。

## 644 intermission
名 休憩時間

[íntərmíʃən]

There is an **intermission** between the first and second acts of the play.
(芝居の第1幕と第2幕の間に休憩時間があります)

☺「芝居の幕と幕の間(inter)に送り出す(mission)時間」→「休憩時間」となりました。missionは「送り出されたもの」→「使節団・使命」という意味で有名ですね。

## 645 persist
動 辛抱強く～し続ける

[pərsíst]

▶ persistence in ～ 名 ～を粘り強く行うこと

He **persisted** in trying to invent a better ballpoint pen.
(彼は辛抱強くもっとよいボールペンを作り出そうとした)

☺「完全に(per)立ち続ける(sist:stand「立つ」という意味)」です。persist in ～ の形でよく使われます。inは「範囲(～において)」という意味です。

REVIEW
- luncheon
- culinary
- arise
- enthusiasm
- appetizer
- mortgage

## 646 exceed
[iksíːd]
**動** 超える
▶ excessive **形** 過度の

**キラーフレーズ**
**exceed** expectations
（期待を超える）

☺ ex-「外」から、「超えていく」というイメージを持ってください。形容詞形 excessive「過度の」もよく出るので一緒にチェックを。

## 647 caution 人 against ～
**動** 人に～しないように警告する

**キラーフレーズ**
**caution** a resident **against** playing music too loud
（入居者に音楽をあまり大きくかけないように注意する）

☺ cautionは「警告する」で、against「～に反対して・～しないように」とセットでよく使われます。キラーフレーズの直訳は「入居者に大きすぎる音で音楽を再生することに反対して警告する」です。

## 648 execute
[éksəkjùːt]
**動** 実行する
▶ executive committee **名** 執行委員会

**キラーフレーズ**
**execute** an advertising campaign
（広告キャンペーンを実行する）

☺ 名詞形 executive「重役・エグゼクティブ」は、もともと「会社の計画を実行する(execute)人」という意味なんです。計画を実行できる権利は重役にしかありませんよね。

## 649 patent
[pǽtnt]
**名** 特許

**キラーフレーズ** apply for a patent
(特許を申請する)

☺ 難しいですが、ビジネスにおいては絶対にはずせない単語です。a patent for a new kind of batteryで、「新しい種類の電池の特許」となります。最近は日本語でも「特許に関して発生するお金」を「パテント料」と言うこともあります。

## 650 surgical
[sə́:rdʒikl]
**形** 外科の

**キラーフレーズ** a surgical procedure
(外科手術)

☺ 名詞surgeonは「外科医」で、その形容詞形がsurgicalです。surgical laserで「手術用のレーザーメス」となります。

## 651 alert
[ələ́:rt]
**形** 警戒して

▶ alertness **名** 注意力

**キラーフレーズ** be alert for new developments
(新しい展開があるか注意を払う)

☺ alertは、実は身近なところで使われています。パソコン・スマホで、操作ミスをしたときや、何かの注意で、「アラート」というメッセージが通知されます(「警告」くらいに考えればOKです)。会話でStay alert! と言えば「油断しないで!」という意味になります。

**REVIEW**
□ influential
□ expertise
□ activate
□ comply with ～
□ intermission
□ persist

## 652 markedly
[má:rkidli]
**副** 際立って

**The new model is markedly quieter than the old one.**
(新モデルは旧モデルよりものすごく静かです)

☺「マークをつける(mark)くらい目立って」→「際立って・ものすごく」となりました。このような「強調をする語」は重要な部分となるので、Part 7 の設問でも狙われやすいんです。

## 653 dispose of ～
**動** ～を処分する

**dispose of garbage properly**
(ゴミを正しく処分する)

☺disposeは「離れた所に(dis)置く(pose)」→「処分する」という意味です。ちなみに、最近の新築マンションに標準搭載されつつある「ディスポーザー(disposer)」とは「生ゴミを処分する機械」のことです。

## 654 prevalent
[prévələnt]
**形** 普及して

**prevalent among young people**
(若者の間に広まっている)

☺動詞prevail「普及している」との区別がPart 5 の品詞問題で出てきます。また、キラーフレーズはPart 7 で「この商品は若者に認知されている」といった内容でそのまま使われます。

## 655 renowned

[rináund]

形 有名な

**キラーフレーズ** That actor is **renowned** for his good looks.
(その俳優は外見のよさで有名です)

😊 famousをはじめとする「有名な」という形容詞は、キラーフレーズのようにforとセットで使われることがよくあります。forは「理由」を表し、be famous [renowned/noted] for 〜「〜を理由に有名だ」という形になります。

## 656 intensive training

名 集中研修

**キラーフレーズ** New employees attend **intensive training** for one month.
(新入社員は1カ月の集中研修を受けます)

😊 intensiveは「集中的な」という意味で、よく大学で「夏期集中講座」を「インテンシブコース」と言います。

## 657 expose A to B

動 AをBにさらす

▶ exposure 名 さらすこと・さらされること

**キラーフレーズ** **expose** cancer cells **to** radiation
(がん細胞を放射線にさらす)

😊「外に(ex)置く(pose)」→「さらす」となりました。名詞形はexposure「さらされること」で、exposure to classical music at an early ageで「幼い頃にクラシック音楽に触れること」となります。

---

**REVIEW**
□ exceed  □ execute  □ surgical
□ caution 人 against 〜  □ patent  □ alert

## 658 definitely

[défənətli]

**副** 確実に

**キラーフレーズ**
The package will **definitely** arrive by Thursday.
（荷物は必ず木曜日までに届きます）

☺ 動詞defineは「定義する・はっきりさせる」、形容詞definite「明確な・確実な」、そしてこの副詞definitelyは「確実に」となります。

## 659 component

[kəmpóunənt]

**名** 部品

**キラーフレーズ**
**components** for a cell phone
（携帯電話の部品）

☺ componentのcompoは「ミニコンポ」の「コンポ」です。最近はミニコンポを見かけないので知らない人もいるかもしれませんが、「ミニコンポ」とは音楽を聞くための「スピーカー・アンプ・プレーヤーなど、それぞれの構成要素・部品が集まったもの」です。

## 660 in the vicinity of ～

**前** ～の近くに

**キラーフレーズ**
**in the vicinity of** her office
（彼女のオフィス近くで）

☺ vicinity「近所」は、neighborhoodと同じ意味です。ほとんどin the vicinity of ～ の形で出てきます。「～の近所（vicinity of ～）の範囲内に（in）」という意味です。

## 661 circulation
名 発行部数

[sə́ːrkjəléiʃən]

**The Atlanta Times newspaper has a circulation of 140,000.**
(Atlanta Times新聞の発行部数は14万部です)

☺ 空気を循環させる扇風機みたいなものを「サーキュレーター(circulator)」と言います。動詞circulateは「循環させる」という意味で、circulationは「循環」→「(新聞など)世の中を循環するもの」→「発行部数」となりました。

## 662 correspondence
名 文書

[kɔ̀ːrəspάːndəns]

**business correspondence**
(ビジネス文書)

☺ 動詞correspondは「一緒に(co)反応する・レスをする(respond)」→「文通する」です。名詞correspondenceは「文通」→「文書・通信」という意味になりました。correspondence by e-mailなら「電子メールでの文書のやりとり」です。

## 663 exceptional
形 非常に優れた

[ikcépʃənl]

▶ exception 名 例外

**an exceptional reporter**
(並はずれた才能のあるレポーター)

☺ 前置詞except「〜を除いて」は有名ですが、名詞exceptionは「例外」、形容詞はexceptionalで、**「例外的な」→(例外的に)優れた」**となりました。広告で商品を自画自賛するときに使われたりします。

---

REVIEW
□ markedly
□ dispose of 〜
□ prevalent
□ renowned
□ intensive training
□ expose A to B

## 664 excluding 〜

[iksklú:diŋ]

**前** 〜を除いて

**キラーフレーズ** The office is open every day excluding weekends.
（週末を除いてオフィスは毎日開いています）

☺ including「〜を含めて」の対義語がexcludingです。excludeは「除外する」という意味で（32ページ）、その-ing形がexcludingです。本来は分詞構文なのですが、もはや前置詞として扱われており、ほとんどの辞書に前置詞として載っています。

## 665 remove

[rimú:v]

**動** 取り除く

▶ removal **名** 撤去

**キラーフレーズ** remove a wall to make one large room
（壁を取り除いて1つの広い部屋にする）

☺「再び(re)動かす(move)」→「取り除く」となりました。USBのことを「リムーバブルディスク(removable disk)」と言いますが、「取り除くことができるディスク」ということです。

## 666 institute

[ínstət(j)ù:t]

**動** 設立する
**名** 研究所・協会

**キラーフレーズ** The National Captioning Institute
（全米映像字幕協会）

☺「中に(in)立てる(stitute=stand)」→「設立する」になりました。また、名詞でinstitute「設立された団体」→「研究所・協会」という意味もあり、団体の名称で使われることが多いです。

周回CHECK!! | 1 / | 2 / | 3 / | 4 / | 5 / | 6 / |

## 667 former

[fɔ́ːrmər]

形 もとの

**キラーフレーズ** I ran into a former coworker at a trade show.
(展示会で元同僚にばったり会った)

☺TOEICでは異動・合併の話がよく出るので、former president「元社長」といった言い方は重要です。キラーフレーズのrun into ～ は「～に出会う」という熟語です。「走っていたらぶつかる」といったイメージで、衝撃的な出会いに使われます。

## 668 on behalf of ～

前 ～を代表して

**キラーフレーズ** I'd like to say thank you on behalf of the team.
(チームを代表して感謝の言葉を申し上げたい)

☺behalfは「利益」という意味ですが、ほぼこのon behalf of ～ という熟語でしか使われません。「～の利益(behalf)を土台に(on)して」→「～を代表して」となりました。

## 669 You are cordially invited to ～

～にご招待いたします

**キラーフレーズ** You are cordially invited to attend the grand opening party of Chez Marie.
(Chez Marieのオープン記念パーティーにご招待いたします)

☺cordiallyは「心を込めて」という単語ですが、TOEICではほとんどが、You are cordially invited to ～ という形で出てきます。直訳は「あなたは～に心を込めて招待されている」で、日本語の「～に謹んでご招待いたします」くらいに相当します。

REVIEW
- □ definitely
- □ component
- □ in the vicinity of ～
- □ circulation
- □ correspondence
- □ exceptional

## 670 solicit 動 求める
[səlísət]

**キラーフレーズ:** solicit ideas for a new ad campaign
（新しい広告キャンペーンのためのアイデアを求める）

😊 本来「不安になったので、いろいろ求める」という意味です。歌手で「1人」のことを「ソロ」と言いますが、「孤独(soli=ソロ)で不安なので、いろいろ求める」→「求める」と考えてください。

## 671 entrepreneur 名 起業家
[à:ntrəprəná:r]

**キラーフレーズ:** Henry Ford is the entrepreneur who created Ford Motor Company.
（Henry FordはFord Motorを作った起業家です）

😊 最近は「起業家」のことをそのまま「アントレプレナー」と言うことも増えてきました。また、同じ語源のenterprise「事業・会社」という単語は会社名で使われることもあるので、「enterpriseを作る人」と覚えるのもいいかもしれません。

## 672 clerical 形 事務の
[klérikl]

**キラーフレーズ:** a clerical job
（事務の仕事）

😊 clerkは「事務員」という意味で、その形容詞形がclericalです。clerical workで「事務作業」です。

## 673 be accompanied by 〜
**動** 〜が同伴する・〜が付随する

**キラーフレーズ**
They **were accompanied by** a translator on a business trip to Europe.
(ヨーロッパへの出張で、彼らには通訳者が同伴した)

☺accompanyは「同行する」という意味で、受動態be accompanied by 〜 は「〜によって同行される」→「〜が同伴する」となります。

## 674 conform to 〜
**動** 〜に従う

**キラーフレーズ**
Employees are required to **conform to** the company dress code.
(従業員は会社のドレスコードに従わなければなりません)

☺「一緒に(con)形を作る(form)」→「(みんな一緒になって1つのものを作るために)〜に従う」という意味になりました。

## 675 given 〜
[gívn]
**前** 〜を考えると

**キラーフレーズ**
**Given** the deadline, we should get started as soon as possible.
(締め切りのことを考えると、できるだけ早く始めたほうがよい)

☺「〜という事実を与えられると」→「〜を考えると」となりました。このgivenは本来は分詞構文ですが、もはや前置詞扱いされていますし、そちらのほうがわかりやすいと思います。

---

**REVIEW**
□ excluding 〜　　□ institute　　□ on behalf of 〜
□ remove　　　　　□ former　　　□ You are cordially invited to 〜

## 676 deposit
[dipá:zət]

**名** 手付金・頭金

**キラーフレーズ**
Renters are required to pay a security **deposit** equal to one month's rent.
（賃借人は家賃1カ月分の保証金を払う必要があります）

☺鉄道の「Suica」のようなカードなどで、預り金を「デポジット」と言います。security depositで「保証金」という意味です。

## 677 dispense
[dispéns]

**動** 与える・分配する

**キラーフレーズ**
Managers in each department were asked to **dispense** information about the policy changes.
（各部署の部長は方針変更についての情報を与えるように頼まれた）

☺「キャッシュディスペンサー（dispenser）」とは「街中で銀行の代わりにお金を分配してくれるもの」です。お金や情報を「分け与える」ようなイメージで使われます。

## 678 ban
[bǽn]

**動** 禁止する
**名** 禁止

**キラーフレーズ**
Smoking is **banned** throughout the building.
（館内はすべて禁煙です）

☺prohibitも同じ意味ですが、banはつづりが短いので、新聞の見出しなどで好まれます。

## 679 revenue
[révən(j)ùː]
**名 収益**

キラーフレーズ: Mobilex, Inc.'s revenue rose sharply after its new model mobile phone went on sale.
(携帯電話の新モデルを発売後、Mobilex社の収益は一気に上がった)

☺「戻ってきたもの」という意味で(re-は「戻って」)、**材料費や広告費に投資したものが、「収益となって戻ってきたもの」→「収益」**ということです。「個人の収入」から「会社・国の収益」まで表せます。

## 680 typically
[típikəli]
**副 一般的に**

キラーフレーズ: It typically takes 5 working days to get a response.
(返信するのに、普通は5営業日かかります)

☺typically「ティピカリー」という発音なので意外と気づかないのですが、**typeからできた単語です。**「よくあるタイプ(type)」→「典型的に・一般的に」となりました。

## 681 sculptor
[skʌ́lptər]
**名 彫刻家**

キラーフレーズ: Masato Masuda studied to be a sculptor in Barcelona.
(Masato Masudaはバルセロナで彫刻家になるために勉強しました)

☺sculpには「ガリガリと削る」イメージがあります。sculptureは「彫刻」、さらに「sculptureをする人」がsculptorです。

---

**REVIEW**
- □ solicit
- □ entrepreneur
- □ clerical
- □ be accompanied by 〜
- □ conform to 〜
- □ given 〜

## 682 auditorium

[ɔ̀ːdətɔ́ːriəm]

名 講堂

**キラーフレーズ** Over two hundred people gathered in the auditorium to hear Mr. Wang's speech.
(Wang氏の演説を聴きに、200人以上の人が講堂に集まりました)

☺「オーディオ設備(audi)がある立派な部屋」→「講堂」という意味です。プレゼンをしたことがある人はわかると思いますが、マイク・スピーカーの位置など、オーディオ関係はとても大事な要素です。

## 683 conscientious

[kɑ̀ːnʃiénʃəs]

形 良心的な・まじめな

**キラーフレーズ** He is very conscientious about his clients; he never goes home without returning all his phone calls.
(彼はクライアントに対してとてもまじめだ。電話をすべて折り返さずに家に帰ることはありません)

☺名詞conscience「良心」のつづりにはscience「科学」が隠れています。scienceは本来「知っていること」という意味で、そこから**conscience「善悪の区別を知っていること」**→「**良心**」となりました。その形容詞形がconscientiousです。

## 684 contribute

[kəntríbjuːt]

動 寄付する

▶ contribution 名 寄付

**キラーフレーズ** contribute to a charity
(慈善基金に寄付する)

☺tributeは「貢ぎ物」という意味です(CDで「トリビュートアルバム」というのは「(心から貢ぐ)尊敬して作ったアルバム」ということです)。contributeは「一緒に(con)貢いだ(tribute)」→「貢献する・寄付する」となりました。

## 685 pride oneself on ～
動 ～を誇りに思う

**キラーフレーズ: pride oneself on one's performance**
((仕事の)業績を誇りに思う)

☺「～に関して(on)自分自身を誇る(pride oneself)」→「～を誇りに思う」となりました。onは「意識の接触(～について)」です。

## 686 step down as ～
動 ～の地位を降りる

**キラーフレーズ: step down as CEO**
(CEOの地位を降りる)

☺「～として(as)の地位を降りる(step down)」ということです。世間でも、TOEICでも、「企業トップの変更」はニュースになりますね。

## 687 burst
動 破裂する
[bə́ːrst]

**キラーフレーズ: the burst balloon**
(破裂した風船)

☺ F1中継や自動車教習所では「タイヤのパンク」を「バースト」と言うことがあります。burstは過去・過去分詞が無変化(burst-burst-burst)です。キラーフレーズのburstは過去分詞形で、直訳は「破裂させられた風船」です。

---

**REVIEW**
- deposit
- dispense
- ban
- revenue
- typically
- sculptor

## 688 faculty
[fǽkəlti]

**名** 教授陣

**キラーフレーズ**
Professor Silva is a member of the faculty in the department of modern languages at State University.
（Silva教授はState Universityの現代言語学の教授の1人です）

☺もともと「能力」という意味で、「能力のある人たち」→「教授陣」となりました。facultyは「全員の教授」を指します（staffと同じ感覚です）。

## 689 let 人 go
**動** 人を解雇する

**キラーフレーズ**
Many employees were let go after the merger.
（多くの従業員は合併後、解雇されました）

☺let 人 goは「人を離れた所へ行かせる」→「解雇する」となりました。「解雇する」という表現はマイナスの響きがあるので、このように遠回しな言い方になります。キラーフレーズは受動態で、人 is let goの形です。

## 690 specific to ～
**形** ～に特有の

**キラーフレーズ**
Kangaroos are specific to Australia.
（カンガルーはオーストラリアに特有の動物です）

☺specificは「ピンポイントでそこっ！」というイメージで、「そこに特定の・そこに特有の」という意味です。キラーフレーズでは「カンガルーはピンポイントでオーストラリア特有っ！」という感じです。

Unit
# 15

# 上級者を目指す「応用単語」②

TOEICを
楽しめるようになる語句

---

引き続き、ハイスコア獲得のための語句を解説していきます。このレベルの語句をマスターすると、本番でもストレスなく英文が読めるようになり、試験という苦行が、楽しいゲーム感覚になるでしょう。

## 691 aging
[éidʒiŋ]

**形** 古くなってきた

**キラーフレーズ** an aging building
（古くなってきている建物）

😊 ageは「年をとる」という動詞で、それが-ing形になったものです。動詞のageは、実は身近なところにあります。化粧品のCMで「アンチエイジング」とか「エイジングケア」と使われていますね。細かいことですが、こちらのagingは動名詞で「年をとること」という意味です。

## 692 publicity
[pʌblísəti]

**名** 評判・広告

**キラーフレーズ** Sponsoring a local concert series brought the company good publicity.
（一連の地元コンサートを主催したことで、その会社のよい評判が広まった）

😊 もともと「広く知れ渡った・公の(public)状態」→「広く知れ渡ること（評判・広告）」となりました。キラーフレーズの直訳は「地元コンサートを主催したことが、会社に、よい評判・知名度をもたらした」です。

## 693 shut off

**動** 止める

**キラーフレーズ** The water will be shut off for an hour.
（1時間、断水があります）

😊 shutは「閉じる」ですし、「雨戸・シャッター(shutter)」から、「止める」というイメージは難しくないでしょう。

## 694 inaugural

[inɔ́ːgjərəl]

形 最初の

**キラーフレーズ** **inaugural** issue
（創刊号）

😊 動詞inaugurateが「就任する」という意味で、その形容詞形inauguralは「就任のときの」→「最初の」となりました。

## 695 in line for 〜

前 〜を得る見込みがある

**キラーフレーズ** **in line for** a promotion
（昇進の見込みがある）

😊「〜に向かった(for)ラインに乗っている(in line)」→「〜の見込みがある」になります。日本語でも「出世のラインに乗っている」という言い方がありますね。

## 696 panel

[pǽnl]

名 委員会

**キラーフレーズ** a **panel** of judges
（審査委員会）

😊 TVで「討論者」のことを「パネリスト(panelist)」と言うことがあります（「パネラー」という言い方は間違いです）。panelは「panelistの集まり」というイメージです。

REVIEW
- auditorium
- conscientious
- contribute
- pride oneself on 〜
- step down as 〜
- burst
- faculty
- let 人 go
- specific to 〜

## 697 confidential

[kà:nfədénʃəl]

形 秘密の

**キラーフレーズ**
**confidential** information
(秘密情報)

☺名詞confidenceは「自信・信頼」という意味で、**confidential**は「信頼がある」→「秘密の」となります。郵便物に「親展」と書いてあるそばにconfidentialと表記されていることがありますので、チェックしてみてください。

## 698 trim

[trím]

動 (材木などを削って)形を整える

**キラーフレーズ**
**trim** a hedge
(生け垣を整える)

☺「ペットの毛をキレイに整える仕事」を「トリマー」と言います。

## 699 typo

[táipou]

名 誤植

**キラーフレーズ**
a text message filled with **typos**
(誤植だらけのテキストメッセージ)

☺何ともかわいらしい響きの単語ですが、もともとはtypographical error「印刷上のミス・誤植」のことで、あまりにも長いのでtypoとなりました。キラーフレーズのtext message「テキストメッセージ」とは「携帯電話のメール」などのことです。

## 700 inn

[ín]

**名** ホテル

**キラーフレーズ** Hakone Inn
(箱根イン(ホテル名))

☺本来「宿屋」という意味で、語源は前置詞inと同じ「中に入れる」→「宿屋」となりました。ホテルの名前で使われ、日本のビジネスホテルでも「○○イン」のように使われています。ドラクエで宿屋の看板が"INN"だったので、男性は見覚えがあるかも。

## 701 accomplished

[əkάːmpliʃt]

**形** 熟練した

**キラーフレーズ** She is an accomplished violinist.
(彼女は熟練したバイオリン奏者です)

☺accomplishは「成し遂げる」という動詞で、accomplishedは「その仕事で何かを成し遂げられた」→「熟練した」という意味になりました。

## 702 lure

[lúər]

**動** 引きつける
**名** 魅力

**キラーフレーズ** lure potential customers with an attractive offer
(潜在顧客を魅力的な特価サービスで引きつける)

☺釣りで使う「ルアー」は「魚を引きつける道具」のことです。キラーフレーズのように、TOEICではビジネスで「お客を引きつける」といった意味で使われます。

---

**REVIEW**
□ aging
□ publicity
□ shut off
□ inaugural
□ in line for ～
□ panel

## 703 substantial

[səbstǽnʃəl]

形 かなりの

▶ substance 名 物質

**a substantial number of schedule changes**
(かなりたくさんのスケジュールの変更)

☺ 名詞 substance は「物質」という意味で、形容詞の substantial は「物質的な・実体のある」→「それなりにある」→「かなりの」となりました。a substantial number of 〜「かなりの数の〜」でよく使われます。日本語でも「それなりに稼いでる」＝「かなり稼いでる」ですよね。

## 704 courteous

[kə́ːrtiəs]

形 礼儀正しい

**a courteous tour guide**
(礼儀正しいツアーガイド)

☺ courteous の court は「法廷・宮殿」という意味です。「宮殿での振る舞いのような」→「礼儀正しい」となりました。

## 705 filming

[fílmiŋ]

名 撮影

**Filming of the movie began in March.**
(その映画の撮影は3月に始まった)

☺ film には名詞「映画」だけでなく、動詞「(映画を)撮る」があり、-ing がついて「撮影」となりました。Part 4 の「ラジオニュース」では「映画撮影があるので、交通規制で渋滞が起きた」なんていう話で出てきます。

## 706 implications

[ìmpləkéiʃənz]

名 影響・結果

▶ imply 動 暗示する

**キラーフレーズ** **implications** of a policy change
（方針転換による影響）

☺「暗示」という意味が基本ですが、ここから「（今後の成り行きを）暗示」→「**影響・結果**」となりました。通常、複数形で使います。キラーフレーズは「方針転換によって暗示される影響」という、implicationsの雰囲気をよく表しています。

## 707 at the forefront of ～

前 ～の最前線に

**キラーフレーズ** This treatment is **at the forefront of** medical technology.
（この治療法は医療技術の最前線にあります）

☺forefrontは「最前線」という意味です（foreもfrontも「前」という意味で、「一番前」というのを強調しています）。atは「場所の1点（一番前のその1点で）」です。

## 708 distinguished

[distíŋgwiʃt]

形 際立って優れた

**キラーフレーズ** a **distinguished** achievement
（際立って優れた功績）

☺動詞distinguishは「区別する」です。**過去分詞形distinguishedは「他者とは（よい意味で）区別された」→「際立って優れた」**です。日本語「際立つ」も本来は「周囲（際）のものとはハッキリ違う」という意味で、まさにピッタリの訳語です。

---

REVIEW
□ confidential　□ typo　□ accomplished
□ trim　□ inn　□ lure

## 709 leading
[líːdiŋ]

**形** 首位の・一流の

**キラーフレーズ** the leading authority on Japanese economics
(日本経済の第一人者)

☺「ほかをleadするような」→「首位の・一流の」です。日本のプロ野球でも「首位打者」をleading hitter「リーディングヒッター」と言うので、聞いたことがあるかもしれません。

## 710 medical practitioner

**名** 開業医・医療従事者

**キラーフレーズ** insurance for medical practitioners
(医療従事者のための保険)

☺ practice「練習する」は、本来「実行する」という意味なんです。**medical practitionerは「医療を実行する人」→「医療従事者」**です。多くの単語帳には「開業医」としか載っていませんが、「従事」さえしていれば、「開業医(自営)」である必要はありません。

## 711 unconditionally
[ənkəndíʃənli]

**副** 無条件で

**キラーフレーズ** support them unconditionally
(彼らを無条件で支持する)

☺ conditionは「条件」なので、conditionallyが「条件付きで」となり、unconditionallyは「無条件で」ということです。

## 712 outgrow

[àutgróu]

動 〜より大きくなる

**The start-up company outgrew its first office and moved to a larger one.**
(その新しい会社は、最初の事務所がきゅうくつになったので、より広いオフィスに引っ越しました)

☺ "out+動詞"は「もっと〜する」というのを知っておくとものすごく便利です。outgrowは「〜よりもっとgrowする」→「〜より大きくなる」となります。outgrowのイメージは、直後の名詞に「ダメ出し」して成長していくような感じです。

## 713 outpace

[àutpéis]

動 〜より速いペースで進む

**Jeff outpaced the other runners to win the race.**
(Jeffはほかのランナーより速く走り、競走に勝ちました)

☺ "out+動詞"なので、「〜よりもっとペースを速める」という意味になります。ほかにもoutweigh「〜よりもっと重みがある」などがあり、Practice outweighs theory. なら「練習は理論より重みがある（勝る）」となります。

## 714 scenic

[síːnik]

形 景色の（よい）

**a scenic drive through the countryside**
(田舎での景色のよいドライブ)

☺ 名詞scene「景色」の形容詞形がscenicで、「景色の」と「景色のよい」という意味があります。

---

REVIEW
□ substantial □ filming □ at the forefront of 〜
□ courteous □ implications □ distinguished

## 715 be hesitant to ～

動 ～することをためらう ▶ hesitation 名 躊躇

**キラーフレーズ**: **be hesitant to** invest in a risky stock
（リスクの高い銘柄に投資するのをためらう）

😊 動詞hesitateは本来「口ごもる」という意味で、発音が「ヘズィテイト」と言いにくいのも関係があるのかもしれません。**hesitateは未来志向のtoを取り、同様に形容詞hesitantもtoを取ります。**品詞判別の問題でよく出てくる単語です。

## 716 be critical of ～

動 ～に批判的である
▶ criticism 名 批判
▶ critic 名 批評家

**キラーフレーズ**: **be critical of** a proposal
（提案に批判的である）

😊 「～について(of)批判的である」という意味です。「**認識（頭・心の働き）」を表す単語にofを伴うと「～について」となる**ことを知っておくと便利です。たとえば、think of ～「～について考える」、be afraid of ～「～を怖がる（～について恐怖心を抱く）」などです。

## 717 at the prospect of ～

前 ～を見込んで ▶ prospect 名 見込み

**キラーフレーズ**: be excited **at the prospect of** joining the team
（そのチームに加わることを見込んでワクワクする）

😊 spectは「見る」という意味で、inspectは「中を見る」→「調べる」（362番）、respectは「振り返って見るくらい」→「尊敬する」です。prospectは「前を(pro)見る(spect)」→「見込み(がある)」となりました。

## 718 prosperous

[prɑ́:spərəs]

形 繁栄している

**キラーフレーズ** a **prosperous** business
（うまくいっている商売）

☺ 動詞prosperは「繁栄する」で、その形容詞形がprosperousです。キラーフレーズのようにビジネス関係にもよく使われます。

## 719 regulate

[régjəlèit]

動 規制する

**キラーフレーズ** **regulate** trade
（貿易を規制する）

☺ スポーツチームの監督が試合に出る人を「制限・規制」したのが、regular「レギュラー選手」です。動詞regulateにも「（支配者が何かを）制限・規制する」イメージがあります。regulate the price of oilなら「（政府が）原油価格を規制する」となります。

## 720 trail

[tréil]

名 小道

**キラーフレーズ** a hiking **trail**
（ハイキングコース）

☺ 日本語でも「山道を走ること」を「トレイルラン」と言うことがあります。track「跡」（150ページ）と語源が同じ（つづりが似てますね）で、「（**人が歩いた**）**跡**」→「**小道**」となりました。

REVIEW ☐ leading ☐ unconditionally ☐ outpace
☐ medical practitioner ☐ outgrow ☐ scenic

## 721 commend 動 ほめる
[kəménd]

**commend Ms. Lee for her creative ideas**
(創造性に富んだアイデアでLeeさんをほめる)

☺recommendという単語は、「何度も(re)ほめる(commend)」→「推薦する」で、もともとはcommend「ほめる」が土台にあったんです。「ほめる」には「理由」が必要なので、「理由のfor」を使った、commend 人 for ～「人を～でほめる」という形でよく使われます。

## 722 carrier 名 航空会社
[kǽriər]

**JAL and ANA are the top two carriers in Japan.**
(JALとANAは日本の上位2つの航空会社です)

☺「運ぶ人・運送会社・通信会社」の意味もありますが、**TOEICでは「航空会社」という意味を特にチェックしてください。**最近は破格の値段で乗れる「LCC (low cost carrier)」が有名ですね。「低価格航空会社」という意味です。

## 723 to capacity 副 満員で

**The arena was filled to capacity for the championship game.**
(優勝決定戦のため、アリーナは満員だった)

☺日本語でも「収容人員」のことを「キャパ」と言いますね。「**キャパ(capacity)いっぱいに到達するまで(to)**」→「満員で」となりました。

## 724 exterior

[ikstíəriər]

**名** 外部

**キラーフレーズ** The building **exterior** will be painted over the weekend.
(ビルの外部(外壁)は週末に塗装されます)

😊「インテリア(interior)」の反対がexteriorです。「家の外側に置くもの」ということです。

## 725 coincide with ～

**動** ～と同時に起こる

**キラーフレーズ** The Van Gogh exhibit **coincides with** the opening of the museum's new wing.
(Van Goghの展示会は、美術館の新棟オープンに合わせたものです)

😊 incident「出来事」という単語があり、coincideは「一緒に(co)出来事(incident)が起こる」→「同時に起こる」となりました。coincide=happen at the same timeということです。

## 726 noteworthy

[nóutwèːrði]

**形** 注目すべき

**キラーフレーズ** The most **noteworthy** feature of this house is its large wine cellar.
(この家の一番注目すべき特徴は大きなワインセラーです)

😊 動詞noteは「注目する」で、「注目する(note)価値がある(worthy)」→「注目すべき」となりました。前置詞worth「～の価値がある」の形容詞形がworthyです。

---

**REVIEW**
□ be hesitant to ～　　□ at the prospect of ～　　□ regulate
□ be critical of ～　　□ prosperous　　□ trail

## 727 **net** 形 正味の
[nét]

**キラーフレーズ: net weight**
(正味重量)

☺ neat「きちんとした」と語源が同じで、「(いろいろ差し引いて)きれいに残ったもの」→「正味の」となりました。net profitは「純益」です。

## 728 **in accordance with 〜** 前 〜に従って・〜に応じて

**キラーフレーズ: in accordance with your request**
(あなたの要望に応じて)

☺ 名詞accordanceは「一致」という意味で、「〜に一致(accordance with)した状態で(in)」→「〜に従って・応じて」となりました。副詞accordingly「それに応じて」はPart 6で狙われる単語なので、一緒にチェックしておきましょう。

## 729 **compensate** 動 報酬を支払う
[ká:mpənsèit]

**キラーフレーズ: compensate an employee for overtime work**
(従業員に残業の報酬を支払う)

☺「補償する」という訳が書かれることが多く、確かにそれでもいいのですが、実際の英文では、もっと具体的に**「報酬を支払う」**という意味で使われることが多いです。

周回CHECK!! 1 / 2 / 3 / 4 / 5 / 6 /

## 730 rotate

[róuteit]

**動 交替で行う**

**キラーフレーズ:** Dr. Lee, Dr. Boyle and Dr. Chopra **rotate** and one of them is in the office every Saturday.
(Lee先生、Boyle先生、Chopra先生は交替で仕事をするので、毎週土曜日は、3人のうち1人が病院にいます)

☺「ローテーション(rotation)」の動詞形がrotateで、「(仕事などを)交代で行う」という意味です。ちなみに、キラーフレーズはofficeを「病院」と訳していますが、医師が数人の病院はdoctor's officeと言われるためです。

## 731 superb

[su(:)pə́ːrb]

**形 素晴らしい**

**キラーフレーズ:** a **superb** performance
(素晴らしい演技)

☺superbは「superだ」→「素晴らしい」と考えてください。発音は「**スパーブ**」です。

## 732 municipal

[mju(:)nísəpl]

**形 市の**

**キラーフレーズ:** **municipal** swimming pool
(市営のプール)

☺Part 7では身近なコミュニティーの話がよく出ます。そのときにこのmunicipalがよく使われます。municipal parkは「市営の公園」です。

---

**REVIEW**
- □ commend
- □ carrier
- □ to capacity
- □ exterior
- □ coincide with 〜
- □ noteworthy

## 733 yawn
[jɔ́ːn]
**動 あくびをする**

**キラーフレーズ**
**yawn** with boredom
(退屈であくびをする)

☺本来「大きく口を開ける」という意味です。発音は「ヨーン」で、「ヨー」の部分で日本語の「ヨー」よりもはるかに大きい口を開けて発音するので、その口の形とセットで覚えてください。

## 734 bio
[báiou]
**名 経歴**

**キラーフレーズ**
The author's **bio** can be found on the last page of the book.
(著者の経歴は本の最後のページにあります)

☺もともとはbiography「伝記・経歴」という単語ですが、長いのでbioと省略されて使われるのがこの単語です。

## 735 on-the-job training
**名 実地訓練**

**キラーフレーズ**
We don't have a formal training program; everything you learn on this job will be through **on-the-job training**.
(当社には正式な研修プログラムはございません。この仕事で学ぶことはすべて実地訓練を通してということになります)

☺on-the-jobは「仕事の現場その場で」→「実地の」という意味です。

### 736 proofread
[prúːfrìːd] **動** 校正する

> Make sure you proofread your presentation before the meeting.
> (会議の前にプレゼン内容を必ず読み返しなさい)

☺proofは「証拠」という意味が有名ですが、動詞「検査する」という意味もあります。「検査する(proof)ように読む(read)」→「校正する」となりました。

### 737 attain
[ətéin] **動** 達成する

> attain a goal
> (目標を達成する)

☺誰が考えたのかはわかりませんが、30年以上前からあるゴロ合わせで、attainは「あ、定員を達成する」というのがあります。よくできているので、ここはこの本唯一のゴロ合わせで覚えてください。

### 738 allocate
[ǽləkèit] **動** (時間・お金を)割り当てる

> allocate time for a task
> (ある作業に時間を割り当てる)

☺「〜に(al=前置詞atの変形)時間・お金を置く(locate)」→「割り当てる」になりました。locateには「置く」という意味がありましたね(010番)。

---

REVIEW
- □ net
- □ in accordance with 〜
- □ compensate
- □ rotate
- □ superb
- □ municipal

## 739 mount 動 取りつける
[máunt]

**キラーフレーズ**
We **mounted** a ski rack on the roof of Sally's car.
(Sallyの車の上にスキーラックを取りつけました)

☺mountain「山」と同じ語源で、「山に登る」→「物の上に登る」→「取りつける」となりました。

## 740 duplication 名 複写・複製
[d(j)ù:plikéiʃən]

**キラーフレーズ**
**Duplication** of copyrighted materials is strictly forbidden.
(著作権で保護されている資料の複写は厳禁です)

☺動詞duplicateは「複写する」という意味です(du-は「2」という意味で、duet「デュエット」、dual「2つの」も同じ語源)。その名詞形がduplicationになります。

## 741 stagnant 形 停滞した
[stǽgnənt]

**キラーフレーズ**
**stagnant** economy
(停滞した経済)

☺本来「水の流れが悪い・よどんだ」という意味で、stagnant water「よどんだ水」のように使われますが、これが経済でも「不景気な」と使われるようになりました。

# Unit 16

# 実際に出る「難」単語

## 900点オーバーを目指す人の語彙

TOEICにはとてつもなく難しい単語が出ることもあります。超ハイスコアを目指す人のための、よく出る難しい単語を解説しました。

## 742 nursery

[nə́:rsəri]

名 園芸店

**キラーフレーズ**: buy seedlings at a **nursery**
（苗を園芸店で買う）

☺「nurse（看護師・乳母）が子どもを育てる部屋」→「（植物を育てる）園芸店」となりました。-eryは「場所」で、gallery「ギャラリー」やwinery「ワイナリー（ワイン醸造所）」で使われます。

## 743 initiative

[iníʃətiv]

名 主導権・戦略

**キラーフレーズ**: implement a number of **initiatives**
（たくさんの戦略を実行する）

☺「主導権」の意味は、日本語で「イニシアチブ」と使われるので問題ないでしょう。TOEICでは「戦略」という意味も重要です。initiativeはinitial「最初の」と関連があり、「最初にひっぱるもの」→「主導権」、「最初に考えるもの」→「戦略」となりました。

## 744 or best offer

応交渉

**キラーフレーズ**: $500 **or best offer**
（500ドル　応交渉）

☺車や家を売るとき、金額を提示した横にor best offer（省略されてOBOとなることもある）と書くと、「金額は提示してあるが、交渉にも応じます」という意味になります。この部分が言い換えで狙われるときは、negotiable「交渉できる」などが答えになります。

## 745 enhance 動 高める
[inhǽns]

**キラーフレーズ** **enhance** business efficiency
（業務効率を高める）

☺「高さ(hance=high)を中に込める(en)」→「高くする」となりました。キラーフレーズのように、ビジネスでよく使われます。

## 746 general-admission seating
自由席

**キラーフレーズ** All tickets for the concert are **general-admission seating**.
（そのコンサートのチケットはすべて自由席です）

☺「全員に(general)入場が認められた(admission)座席(seating)」→「自由席」です。

## 747 exponentially 副 急激に
[èkspounénʃəli]

**キラーフレーズ** The number of smartphone users has increased **exponentially** since they first went on sale.
（発売以来、スマートフォンの利用者が急激に増えています）

☺もともとは数学の用語で「指数関数的に」という意味です。「右肩上がりで(指数関数のグラフみたいに)」ということです。

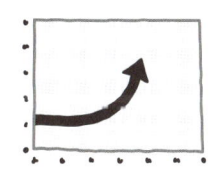

REVIEW
- yawn
- bio
- on-the-job training
- proofread
- attain
- allocate
- mount
- duplication
- stagnant

## 748 syndicate
[síndikèit]
**動 配信する**

**キラーフレーズ** a nationally **syndicated** news program
（全国に配信されるニュース番組）

☺辞書には「（テレビ・ラジオ番組が）独立局に直接販売する」と、わかりにくいことが書いてありますが、ざっくり「配信する」と考えればOKです。

## 749 per
[pə́ːr]
**前 ～に従って**

**キラーフレーズ** **per** your request
（ご要望にお応えして）

☺percentという単語は、「100（cent）につき（per）」→「パーセント（%）」となりました。perそのものは「～につき・～に従って」という意味なんです。ちなみに、as perの形になることもあります。

## 750 tidy
[táidi]
**動 片づける**

**キラーフレーズ** **tidy** up the room
（その部屋を片づける）

☺形容詞の「きちんとした」という意味を知っているだけでも上級者でしょうが、さらに難しい、動詞「片づける」がTOEICでは出てきます。tideは「潮時」という意味で、語源が関連したtidyは「潮時をきちんとわかっている」→「きちんとした・片づける」となりました。

**周回CHECK!!** | 1 / | 2 / | 3 / | 4 / | 5 / | 6 / |

## 751 intricate

[íntrikət]

形 複雑な

**キラーフレーズ**: an **intricate** process
(複雑な工程（プロセス）)

☺「中に(in)トリック(tric)がたくさんしかけられた」→「複雑な」となりました。an intricate designは「複雑なデザイン」となります。

*an intricate design*

## 752 intriguing

[intríːgiŋ]

形 興味をそそる

**キラーフレーズ**: an **intriguing** idea
(興味をそそるアイデア)

☺ intricate「複雑な」と同じ語源で「ミステリー小説の話が複雑な」→「読者の興味をそそる」となりました。an intriguing offerは「興味をそそる提案」です。難しい単語ですが、**設問を解く鍵になることがよくあります。**

## 753 uphold

[ʌphóuld]

動 支持する・維持する

**キラーフレーズ**: **uphold** the highest standards
(最高水準を保つ)

☺ hold upの語順が入れ替わってupholdという単語が生まれました。「ホールドする」→「支持する・維持する」となりました。また、Part 5の問題では、キラーフレーズのstandardsが空所で狙われることもあります。

---

REVIEW
- □ nursery
- □ initiative
- □ or best offer
- □ enhance
- □ general-admission seating
- □ exponentially

## 754 rapport
[ræpɔ́:r]
**名** 人間関係

**キラーフレーズ**: establish good **rapport** with one's boss
（上司とよい関係を築く）

☺ 心理学で「良好な人間関係」を「ラポール」と言うのを聞いたことがある人もいるかもしれません（「ラポール」はもともとフランス語なので最後のtを発音しません）。

## 755 sewer
[súːər]
**名** 下水道

**キラーフレーズ**: city **sewer** system
（市営の下水道設備）

☺ 発音は「スーァ」で、かなり難しい単語ですが、TOEICではたまに見かけます。考えてみれば、普段、下水道工事を目にすることはよくありますし、生活に必要なものですよね。sewer pipeなら「下水の配管」という意味です。

## 756 inadvertently
[ìnədvə́ːrtəntli]
**副** うっかりして

**キラーフレーズ**: **inadvertently** delete an important file
（うっかりして大切なファイルを削除してしまう）

☺ TOEICの世界では「ついうっかりファイルを削除したけど、同僚がそのファイルを持っていて助かった」という話が頻出します。inadvertentlyは**書き換えも重要で、by mistakeやby accidentと同じ意味です。**

## 757 rope ~ off
**動** ～をロープで仕切る

**The area has been roped off.**
(その場所はロープで仕切られている)

☺ Part 1 の写真問題で出てくる表現です。ropeは動詞で「ロープを張る」、offは「分離」を表し、中と外をロープで区切るイメージです。

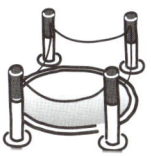

## 758 hectic
[héktik] **形** 慌ただしい

**a hectic schedule**
(慌ただしいスケジュール)

☺「(すごく)忙しい」と訳されることも多く、それでもOKですが、かなり「慌ただしい(せわしない)」イメージの単語です。

## 759 skyrocket
[skáirà:kət] **動** 急上昇する

**The number of visitors to the zoo skyrocketed after the new panda arrived.**
(新しいパンダが来た後、動物園への来園者数は急上昇しました)

☺ 意外にも「動詞」の意味があり、意味は「急上昇する」です。TOEICではキラーフレーズのような「来場者数が急上昇」といった、めでたい話が多いだけに、よく出てくる重要な動詞です。

---

**REVIEW**
☐ syndicate ☐ tidy ☐ intriguing
☐ per ☐ intricate ☐ uphold

## 760 peer 名 仲間
[píər]

**キラーフレーズ:** **peer**-pressure
(周囲(仲間)からの圧力)

☺ pair「ペア」と語源が一緒で、「(いつもペアになる)仲間」ということです。同じ立場や職業の間柄で使われます。

## 761 streamline 動 無駄を省く
[strí:mlàin]

**キラーフレーズ:** **streamline** operations
(作業の無駄を省く)

☺ streamは「小川」という意味で、曲線を描くイメージです。streamlineという動詞は「小川のように曲線を作る」→「しなやかにして無駄を省く」となりました。

## 762 compare favorably with 〜
動 〜に引けを取らない

**キラーフレーズ:** The Ritz **compares favorably with** the other hotels we considered.
(Ritzは私たちが検討したほかのホテルに引けを取らない)

☺ compare A with Bは「AとBを比べる」という熟語が有名ですが、自動詞のcompare with 〜「〜と比べられるくらい」という形もあり、favorably「好意的に」が割り込んだのが見出し語で**「〜に好意的に比べられるくらい」→「〜に引けを取らない」**です。

## 763 probation
[proubéiʃən]
**名 見習い期間**

> a three-month **probation** period for new hires
> (新入社員の3カ月の見習い期間)

☺「証明(prob=prove)・試験する期間」→「見習い期間」となりました。キラーフレーズの**new hires**「**新入社員**」も大事なので一緒にチェックしておきましょう。

## 764 sleek
[slíːk]
**形 つやのある・流線型の**

> a **sleek** sports car
> (流線型のスポーツカー)

☺つづりが似ているsilk「絹」の連想から「シルクのように滑らかな」→「つやのある・流線型の」と考えると覚えやすいと思います。

## 765 novice
[nάːvəs]
**名 初心者**

> I recently started bowling. I'm still a **novice**.
> (最近ボウリングを始めました。まだまだ初心者です)

☺beginnerと同じ意味です。noviceは名詞ですが、ほかの名詞の前に置いて（形容詞っぽく）a novice scuba diver「スキューバダイビングの初心者」のようにも使われます。

---

**REVIEW**
- □ rapport
- □ sewer
- □ inadvertently
- □ rope ~ off
- □ hectic
- □ skyrocket

## 766 abridged
[əbrídʒd]

形 要約された

**This is an abridged version of a survey report.**
(これは調査結果の要約版です)

☺ abridgeは「要約する」という動詞ですが、フレーズのように過去分詞形で「要約された」となり、**abridged version**「要約版」と使われます。unabridgedなら「完全版の」という意味です。

## 767 hereby
[hìərbái]

副 これによって・これをもちまして

**I hereby declare this meeting over.**
(これによってこの会議の終了を宣言します)

☺ 「ここ(here)によって(by)」→「これによって・これをもちまして」という拍子抜けするような単純な作りの単語です。フォーマルな場面でよく使われます。

## 768 versatile
[vɚːrsətl]

形 何にでも向く

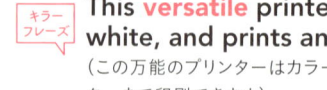

**This versatile printer prints in color or black and white, and prints anything from post cards to posters.**
(この万能のプリンターはカラーでも白黒でも印刷ができ、さらには絵はがきからポスターまで印刷できます)

☺ "DVD"の意味は2通りで、1つはdigital video disc、もう1つはdigital versatile discです。versatileは「多目的・いろいろな用途に向く」という意味です。ほかの例としては、versatile kitchen utensil「万能の調理道具」、versatile performer「多才な役者」があります。

## 769 relinquish
[rilíŋkwiʃ]

**動** 放棄する

**キラーフレーズ** relinquish a job
(職を手放す)

☺「持っていたものを手放す」ということです。relinquish a claimなら「主張を放棄する」となります。

## 770 avid
[ǽvid]

**形** 熱心である

**キラーフレーズ** He is an avid golfer.
(彼は熱心なゴルファーです)

☺「熱心だ・熱狂して」という単語は難しいものが多いです。TOEIC450点まではexcited、800点まではenthusiastic、それ以上を目指す人は見出し語のavidまでチェックしておいてください。

## 771 pay off
**動** うまくいく・完済する

**キラーフレーズ** The extra preparation paid off.
(多めに準備したことで、うまくいった)

☺payには「割に合う」という大事な意味があり、日本語でも「これではペイしない」という言い方がありますね。pay offは「割に合って(pay)そのまま進む(off「離れていく」)→うまくいく・効果を上げる」です。また、「うまくいく」→「完済する」という意味もあります。

---

**REVIEW** □peer　□compare favorably with 〜　□sleek
□streamline　□probation　□novice

## 772 bestow ～ on ...
**動** …に～を授ける

**キラーフレーズ:** **bestow** praise **on** him
（彼に賛辞を贈る）

😊 普段あまり見かけない、改まった表現です。「～を人の上に授ける」というイメージです。

## 773 distinctive
**形** 特徴的な

[distíŋktiv]

**キラーフレーズ:** a **distinctive** design
（特徴的なデザイン）

😊 もとの動詞はdistinguish「区別する」で、その形容詞形distinctiveは「**ほかとハッキリ区別できる**」→「（区別できるくらい）**特徴的な**」となります。

## 774 discriminating
**形** 目が利く

[diskrímənèitiŋ]

**キラーフレーズ:** a **discriminating** sommelier
（目が利くソムリエ）

😊 discriminateは、distinguish同様「区別する」という意味です。discriminatingは「**ほかと区別ができるような・違いを見抜けるような**」→「**目が利く・目の肥えた**」となります。

## 775 **assorted**

[əsɔ́ːrtid]

形 各種組み合わせの

> **キラーフレーズ** **assorted** chocolates
> (各種組み合わせのチョコレート)

☺「いろいろな種類を組み合わせた（詰め合わせの）」をassortedと言います。デパ地下などで売っている詰め合わせのお菓子にassortedと書かれていることがあるので、チェックしてみてください。

## 776 **pertain to 〜**

動 〜に関係がある

> **キラーフレーズ** What does your inquiry **pertain to**?
> (何についてのお問い合わせでしょうか？)

☺「完全に（per=perfect）関係を保っている（tain=maintain）」→「関係がある」となりました。

## 777 **proficiency in 〜**

名 〜における熟達

> **キラーフレーズ** develop **proficiency in** managing a restaurant through many years of experience
> (長年の経験によってレストランの優れた経営能力を身につける)

☺proficiencyは「熟達」という難しい単語ですが、「プロ（pro）のスキル」ということです。inは「範囲（〜における）」という意味です。

---

| REVIEW | □ abridged<br>□ hereby | ✓ versatile<br>□ relinquish | □ avid<br>□ pay off |

## 778 sanction
[sǽŋkʃən]
**名** 認可
**動** 認可する

**キラーフレーズ**
government-sanctioned
(政府が認可した)

☺ たまに日本語でも使われる「サンクチュアリ(sanctuary)」とは「聖域」のことですが、sanctionも関連があり、**「聖域(sanc)へ認可する」**という意味です。sanctionには「制裁」という意味もありますが、「神聖でないものに加える処罰」からきています。

## 779 absently
[ǽbsəntli]
**副** ぼんやりして

**キラーフレーズ**
reply absently
(ぼんやりして答える)

☺ 形容詞absent「欠席して」は、「ぽっかりと空いている」イメージの単語です。**副詞absentlyは「心の中がぽっかり空いたまま」→「ぼんやりして」**となります。absentlyと同じ意味でabsent-mindedlyという単語もあります。

## 780 unveil
[ʌnvéil]
**動** 公開する

**キラーフレーズ**
unveil a new product
(新商品を公開する)

☺ 日本語でも「ベールに包まれた」と言いますね。unveilは**「ベール(veil)で覆うの反対(un)」→「ベールを取って公開する」**になります。新商品を発表するときにピッタリの単語です。

## 781 directory

[dərékt(ə)ri]

**名** 名簿

**キラーフレーズ** company **directory**
（社員名簿）

☺ 動詞directは「導く」という意味ですが、directoryは「検索するときに、目当ての人へ導く(direct)もの」→「名簿」となりました。telephone directoryは「電話帳」という意味です。

## 782 introductory

[ìntrədʌ́kt(ə)ri]

**形** 導入の・発売特価の

▶ introduce **動** 紹介する・導入する

**キラーフレーズ** an **introductory** offer
（特別提供価格）

☺ 動詞introduceの形容詞形がintroductory「導入の」です。キラーフレーズのintroductory offerは「新商品の導入(発売)に伴う申し出(特別価格)」ということです。

## 783 commence

[kəméns]

**動** 開始する

**キラーフレーズ** **commence** a speech
（スピーチを始める）

☺ begin・startと同じ意味ですが、commenceは古いフランス語が語源で、かなり形式ばった単語です（つづりが長くてカッコつけた感じですよね）。きちんとした会議などで使われます。

**REVIEW**
□ bestow ～ on ...　□ discriminating　□ pertain to ～
□ distinctive　□ assorted　□ proficiency in ～

## 784 advocate
[ǽdvəkət]

**名** 主張者

**キラーフレーズ**
Mr. Miller is an advocate for animal rights.
(Millerさんは動物の権利を主張しています)

☺ advocateのvocateはvocal「ボーカル・声の」で、advocateは「声に出して呼びかける人」という意味です。

## 785 overhaul
[òuvərhɔ́ːl]

**動** 徹底的に整備する

**キラーフレーズ**
overhaul the income tax system
(所得税制度を徹底的に整備する)

☺ もともとは「分解して、点検する」という意味で、車に詳しい人は聞いたことがあるかと思います。キラーフレーズのように「システムを点検・整備する」という意味でもよく使われます。

## 786 acclaimed
[əkléimd]

**形** 高く評価された

**キラーフレーズ**
an acclaimed author
(高く評価された作家)

☺ acclaimは「大声をあげて(claim)称賛する」という意味で、acclaimedは「称賛された・高く評価された」になります。

## 787 forthcoming

[fɔ̀ːrθkʌ́miŋ]

形 間近に迫った

**キラーフレーズ** That issue will be discussed at the forthcoming meeting.
(その問題は今度の会議で議論されます)

☺upcoming「やがてやってくる」と似た意味の単語です。forthはforwardと同じ意味で「前へ」という副詞です。

## 788 boost

[búːst]

動 高める

**キラーフレーズ** Our recent TV commercials have boosted consumers' interest in our new digital cameras.
(弊社の最近のテレビCMで、新型デジカメに対する消費者の興味が増しています)

☺boom「ブーム・急上昇」と関連があります。boomが「グ〜っと高まってくる」イメージで、boostも「グ〜っと上げる」→「高める」となりました。

## 789 incur

[inkə́ːr]

動 (出費・損害を)招く・被る

**キラーフレーズ** incur debts
(借金を抱える)

☺非常に意味が取りづらい単語ですが、訳しにくいときは「**haveと同じ意味**」と考えると、解決することが多いです。

---

**REVIEW**　□ sanction　□ unveil　□ introductory
　　　　　　□ absently　□ directory　□ commence

## 790 commensurate with ～

形 ～と等しい

**キラーフレーズ:** salary **commensurate with** experience
(経験に見合うだけの給料)

☺「求人広告」でよく使われます。キラーフレーズでは、commensurate with experienceというカタマリが、直前のsalaryを修飾しています(形容詞が後ろから修飾しているだけです)。

## 791 discretion

名 判断

[diskréʃən]

**キラーフレーズ:** at one's **discretion**
(その人の判断で)

☺形容詞discreet「慎重な」は、「物事の善悪を切り離して(dis)考えられる」→「慎重な」という意味です。名詞discretionは「(慎重な)判断」となりました。

## 792 fabulous

形 とても素晴らしい

[fǽbjələs]

**キラーフレーズ:** a **fabulous** hotel
(とても素晴らしいホテル)

☺名詞fableは「寓話」という意味で、**形容詞fabulousは「寓話みたいな」→「それくらい素晴らしい」**となりました。a fabulous ideaは「とても素晴らしい発想」です。

## 793 engaging
[ingéidʒiŋ]

形 魅力のある

**an engaging speaker**
(魅力のある演説者)

☺ engageは本来「人を巻き込む」という意味で、「従事させる・婚約させる」などの意味があります。engagingは「人の意識を巻き込むような」→「魅力ある」です。

## 794 on back order

形 取り寄せ中で・入荷待ち

**Those sweaters are on back order, but I can call you when they come in.**
(そのセーターは取り寄せ中ですが、入荷次第お電話することは可能です)

☺「在庫が切れて、今取り寄せ中・入荷待ち」という意味です。「予想以上に売れて在庫がなくなり、倉庫に戻って(back)注文している最中(on order)」と考えてください。

## 795 adjourn
[ədʒə́ːrn]

動 延期する・(一時)休止する

**adjourn a meeting**
(会議を一時休止にする)

☺ adjournのjourはフランス語で「1日」という意味です(journey「旅」は、本来「移動に1日かかる長旅」という意味)。adjournは「1日延期する」→「ちょっと延期する・一時休止する」となりました。

---

REVIEW  □ advocate  □ acclaimed  □ boost
        □ overhaul  □ forthcoming  □ incur

## 796 at length
副 詳細に

He explained the procedure **at length**.
(彼は詳細に手順を説明した)

😊「長さ(length：longの名詞形)をかけた状態で(at)」→「長々と」→「詳細に」となりました。

## 797 set forth
動 〜を示す

All the details of the company's summer dress code are **set forth** on the company's Website.
(当社の夏季のドレスコードの詳細はすべて、ホームページに示されています)

😊「みんなに見えるように前に(forth)セットする(set)」→「示す」となりました。キラーフレーズはbe set forthという受動態です。

## 798 craft
[krǽft]

名 工芸品
動 念入りに作る
▶ aircraft 名 航空機

The carpenter **crafted** the grandfather clock with expert skill.
(大工が熟練した技術で振り子時計を作りました)

😊名詞「工芸品」の意味は、日本語でも「ペーパークラフト」のように使われ始めています。動詞で「念入りに作る」という意味もあります。「念入りに作ったもの」から、aircraft「航空機」という単語もあり、たまに出てきます。

## 799 artifact
[ á:rtəfækt ]
名 工芸品

キラーフレーズ
The museum has arrowheads and other stone **artifacts** that are more than one thousand years old.
(その博物館には、1000年以上前に作られた矢じりやその他の工芸品があります)

☺ fact「事実」は、本来「実際に作られたもの」という意味ですが、artifactは「技術(art)を駆使して作られたもの(fact)」→「工芸品」です。たいていは古代のものを指します。

## 800 testimonial
[ tèstəmóuniəl ]
名 証拠

キラーフレーズ
The long lines at Daisy's Donuts are a **testimonial** to the shop's popularity.
(Daisy's Donutsでの長蛇の列は、その店が人気だという証拠となります)

☺ 本来「証拠となるもの」という意味で、「証拠・証明書」などの意味になります。キラーフレーズのa testimonial to ～ は「～に対しての証拠」→「～の証拠(となるもの)」という意味です。

## 801 query
[ kwíəri ]
名 質問

キラーフレーズ
I will be available after the lecture to answer any **queries** you may have.
(講義後、何か質問があれば私は対応可能です)

☺ question「質問」と、inquiry「質問」が混ざったようなつづりです。**question・inquiry・query**の3つとも「**質問**」という意味なので、セットで覚えてしまいましょう。

---

REVIEW
☐ commensurate with ～　☐ fabulous　☐ on back order
☐ discretion　☐ engaging　☐ adjourn

## 802 breathtakingly
[bréθtèikiŋli]
副 息をのむほどに・驚くほど

**キラーフレーズ**: **breathtakingly** beautiful
(息をのむほどに美しい)

☺「息(breath)を、取る(take)ような」→「息をのむほどに」となりました。

## 803 lift
[líft]
動 (禁止などを)解く

**キラーフレーズ**: **lift** a ban
(禁制を解除する)

☺liftの「持ち上げる」という意味は知っていると思いますが、「禁止を解く」という意味もあります。「**重い負担になっていた禁止令を持ち上げる(取り除く)**」ということです。

## 804 consistent
[kənsístənt]
形 一貫した
▶ consistently 副 いつも

**キラーフレーズ**: a **consistent** effort
(一貫した努力)

☺consistentは「常に同じ姿勢で安定感がある」というイメージがあります。たとえば「着実に順調な伸びを見せる」のがconsistent increase「一貫した増加」です。また、副詞consistentlyはalwaysと同じ意味になります。そう考えないと解けない難問がPart 5で出ることもあります。

# Appendix
# 付録

1. みるみる覚えられる「動詞の語法」
2. Part 5 頻出の「コロケーション」
3. 暗記が劇的に減る「前置詞」
4. 長文攻略のための「因果表現」
5. Part 6 で狙われる「接続副詞」

# Appendix 1

# みるみる覚えられる「動詞の語法」

## こんなワザがあったのか！

「語法」とは「動詞の使い方」のことです。たとえば、remindは"remind 人 of ～"の形を取り、これを「remindの語法」というわけです。従来この語法は「1つずつ暗記するしかない」と思われてきましたが、実は「型」で整理すると、劇的に暗記量が減るんです。ここでは同じ型を取る動詞を、グループごとにまとめました。これからは語法が強力な武器になりますよ。

## ◯ tell型

tell型の語法には3つの型があります。型が3つもあると大変に見えますが、実は3倍ずつ知識が増えていくので、その破壊力はバツグンですよ。

### tell型の基本形

① tell 人 of 物　「人 に 物 について伝える」
② tell 人 that SV 　「人 にSVだということを伝える」
③ tell 人 to 原形　「人 に～するように伝える」

上のtellの部分には、以下の8つの動詞が入れられます。

> tell「知らせる」／remind「思い出させる」／convince「納得させる」／persuade「説得する」／warn「警告する」／notify「知らせる」／inform「知らせる」／assure「保証する」

この方法で「基本形3つ×tell型の動詞8つ=24個」の語法を一気にマスターしてください。表の赤い部分だけを覚えればOKです。

**tell型の動詞**

| 基本形<br>動詞 | V 人 of 〜 | V 人 that 〜 | V 人 to 〜 |
|---|---|---|---|
| **tell** | tell 人 of 〜 | tell 人 that 〜 | tell 人 to 〜 |
| **remind** | remind 人 of 〜 | remind 人 that 〜 | remind 人 to 〜 |
| **convince** | convince 人 of 〜 | convince 人 that 〜 | convince 人 to 〜 |
| **persuade** | persuade 人 of 〜 | persuade 人 that 〜 | persuade 人 to 〜 |
| **warn** | warn 人 of 〜 | warn 人 that 〜 | warn 人 to 〜 |
| **notify** | notify 人 of 〜 | notify 人 that 〜 | notify 人 to 〜 |
| **inform** | inform 人 of 〜 | inform 人 that 〜 | ~~inform 人 to 〜~~ |
| **assure** | assure 人 of 〜 | assure 人 that 〜 | ~~assure 人 to 〜~~ |

▶ 厳密に言うと、×）inform[assure] 人 to 〜 という形だけは存在しないのですが、そこまでは問われませんので、そんなことは無視して24個のつもりで覚えることをおすすめします。

**Laura Petersen convinced the board of directors to relocate the company headquarters to Chicago.**

（Laura Petersenは本社をシカゴに移転することを取締役会のメンバーに納得させた）

**We'll notify you soon of the time and place.**
(時間と場所をすぐにお知らせいたします)

> ● soon ofのところを勘違いする人が多いのですが、soon と ofは関係ありません。notifyの語法をきちんと把握していれば、notify 人 of ～ の形を見抜けます。単にその間に副詞soonが割り込んだだけです。

## ◯ say型

say型は "say to 人 that ～" の形になりますが、特に大事なのは、後ろに to 人 がくることです。

> ● say型は、けっこうまとまりがなくて、必ずしもthatを取るとは限らず、疑問詞節だったり、名詞だったりするので、そこはあまり気にしなくて大丈夫です。to 人 の部分だけを意識してください！　たとえばPart 5 で、空所のそばに explain があれば、かなりの確率で explain to 人 の形が問われます。

### say型の基本形

say to 人 that ～　「人 に～だと言う」

### say型の動詞

① say to 人 that ～　　「人 に～と言う」
② suggest to 人 that ～　「人 に～と伝える」　● suggest型にも属す
③ explain to 人 that ～　「人 に～と説明する」
④ apologize to 人 for ～　「人 に～のことで謝る」　● thank型にも属す

**Cameron said to his coworkers that he had been offered a position in a different department.**
(別部署の職をオファーされたと、Cameron は同僚に言った)

**The recruiter explained to me that my application wouldn't be considered unless I had at least one year of experience in sales.**
(営業で最低でも1年間の経験がなければ、私の就職申し込みを検討対象としないと、求人担当者は私に説明した)

## ○ provide型

provide型は、provide 人 with 物「人に物を与える」という形です。provide型の動詞はかなり難しい動詞もあるのですが、よく出てきます。**すべてprovideと同じ型、かつ意味も「与える」が根底にある**ことを意識すれば、丸暗記するよりはるかに効率的です。

### provide型の基本形

provide 人 with 物 「人に物を与える」

### provide型の動詞

① provide 人 with 物
   supply 人 with 物   「人に物を与える」
② furnish 人 with 物
   feed 人 with 物     「人に物を与える」
③ present 人 with 物   「人に物を与える」
④ fill A with B        「AをBで満たす」
⑤ face A with B        「AにBを直面させる」
⑥ equip A with B       「AにBを備えつける」
⑦ endow 人 with 才能   「人に才能を与える」

⑧ acquaint 人 with ～　「人 に～を知らせる」
⑨ outfit 人 with 物　　「人 に 物 を与える」
⑩ reward 人 with 物　　「人 に 物 を与える(ことでその人に報いる)」

**The concierge furnished the hotel guests with a list of sightseeing activities.**
(コンシェルジュはホテルの宿泊客に観光プランのリストを提供した)

> sightseeing activity は日本語に訳しにくいですが、観光客が行く場所やすること（美術館・名所・買い物・食事など）です。

**This computer is equipped with a fan to prevent overheating.**
(このパソコンには過熱を防ぐためにファンが装備されている)

**The passengers were outfitted with life jackets when they got on the boat.**
(乗客は船に乗り込んだとき、救命胴衣を与えられた)

### ★present　授与する
**present a coworker with an award**　(同僚に賞を授与する)
present は「授与する・贈呈する」というニュアンスで、日常のプレゼントには使いません。present 人 with 物「人 に 物 を授与する」という形を取り、この with は Part 5 で問われたこともあります。

## ○ thank型

thank型は "thank 人 for ～" の形になります。Thank you は for とセットでよく使われますよね。これは理由の for です。いきなり「あり

がとう」って言われたら、「何で？」って理由を聞きますよね。

- thankとblameはまったく逆の意味ですが、理由のforを必要とするのは一緒です。たとえば、「お前ふざけんなよ」って非難されたら、「何で？」って聞きますよね。だからforを取るわけです。

## thank型の基本形

thank 人 for ～ 「～のことで 人 に感謝する」

## thank型の動詞

① thank 人 for ～ 「～で 人 に感謝する」
② admire 人 for ～
　praise 人 for ～ 「～で 人 をほめる」
③ be grateful to 人 for ～ 「～で 人 に感謝している」
④ apologize to 人 for ～ 「～で 人 に謝る」
⑤ blame 人 for ～ 「～で 人 を責める」
⑥ punish 人 for ～ 「～で 人 を罰する」
⑦ fine 人 for ～ 「～で 人 に罰金を科す」

**Mr. Rao praised Ms. Chen for her excellent customer service.**
(Raoさんは、Chenさんを顧客サービスが優れているとほめた)

**The driver was fined for parking in a no parking zone.**
(運転手は駐車禁止区域に駐車したことで罰金を科せられた)

## ○ prevent型

prevent型の基本形は、prevent 人 from ～ing 「 人 が～するのを妨げる」です。

fromの核心は「起点」で、「起点(〜から)」→「分離(〜から離れて)」となりました。prevent「妨げる」と、fromの「分離」の意味は相性がいいわけです。
人 from 〜ing「人 が〜ingの動作から分離した」→「人 は〜ingしない(できない)」となるわけです。

**prevent型の基本形**

 prevent 人 from 〜ing　「人 が〜するのを妨げる」


**prevent型の動詞**

 ① prevent 人 from 〜ing
  keep 人 from 〜ing
  stop 人 from 〜ing　　　「人 が〜するのを妨げる」
 ② prohibit 人 from 〜ing
  ban 人 from 〜ing　　　「人 が〜するのを禁じる」
 ③ discourage 人 from 〜ing
  dissuade 人 from 〜ing　「人 が〜するのをやめさせる」
 ④ save 人 from 〜ing　　　「人 が〜することから救い出す」


**Kenji's lack of English ability is preventing him from applying for an overseas assignment.**
(Kenjiは英語力不足で、海外赴任に応募することができずにいる)

**Company rules prohibit employees from using company resources for personal use.**
(社内規程では、従業員が会社の資産を個人的に利用するのを禁じている)

## ◯ regard型

regard型は"V A as B"という形を取り、すべて「AをBとみなす」という意味になります。

**regard型の基本形**

regard A as B「AをBとみなす」

**regard型の動詞** ▶ 以下に細かい訳の違いを示しますが、すべて「みなす」と考えてかまいません。

regard「みなす」／look on「みなす」／think of「考える」／see「考える」／take「思う」／view「思う」／identify「認識する」／refer to「言及する」

**We don't regard them as our competitors.**
(私たちは彼らを競合相手とはみなしていません)

**He looks on his failures as precious learning opportunities.**
(彼は自分の失敗を貴重な学習のチャンスとみなします)

この「みなす」という意味にならない例外は、以下のものです。これはこれで大事ですから、regard型をしっかりチェックした後でかまいませんので、確認しておいてください。

**★V A as B の例外**

① S replace O as ～「～として、SはOの代わりになる」

② S strike 人 as ～
　S impress 人 as ～「Sは人に～という印象を与える」　※S = as ～

**The plan strikes me as impossible.**
(私にはその計画は不可能に思える)
**Obama replaced Bush as president of the United States.**
(アメリカ大統領として、ObamaはBushの代わりになった (後任となった))
　　　▶ replace の考え方は187番で詳しく解説しました。

## ○ suggest型

suggest型は "S suggest that s should 原形 ／ 原形" の形になります。
　　　▶ ただし、TOEICの問題の場合、出るのは「原形」のほうだけですので、以下そちらのみに話をしぼります。

**suggest型の基本形**

　S suggest that s 原形

**suggest型の動詞**

① **提案**：suggest／propose「提案する」
　　　　　recommend「すすめる」
　　　　　advise「忠告する」
② **主張**：advocate「主張する」
③ **要求**：insist／request／require／demand「要求する」
　　　　　ask「頼む」
　　　　　desire「願う」
　　　　　prefer「よいと思う」

④ **命令**：order／command／urge「命じる」
⑤ **決定**：decide／determine「決定する」
　　　　　 arrange「取り決める」

従来は「提案・主張・要求・命令・決定を表す動詞がきたら、(その動詞の後の)that節の中では原形がくる」と説明されますが、みなさんは「提案・主張……」なんて覚える必要はありません。
実はこれ、すべて「命令」の意味がベースになっています。suggest「提案する」=「優しい命令」、decide「決定する」=「度がすぎた命令」ですね。この「すべて命令系統の動詞」を念頭に、上の一覧をもう一度チェックしてみてください！
ちなみに、「命令」系統の動詞なので、その後のthat節（命令内容を告げる部分）にも「命令文」の目印、つまり「動詞の原形」がくるわけなんです。

I suggent | that he call back tomorrow．
命令系統の動詞　　　　　命令内容＝動詞の原形がくる！

**I suggest that** he call back tomorrow after 9:00 a.m. if he would like to speak with Dr. Connolly directly.
(もしConnolly先生と直接お話をされたい場合、彼が明日の午前9時以降に折り返しお電話するとよいかと思います)

**We recommend that** you replace your mobile phone's battery if it is getting old.
(もし、あなたの携帯電話のバッテリーが古くなっているなら、バッテリーを交換することをおすすめします)

## Appendix 2
# Part 5 頻出の「コロケーション」
~Part 5 で狙われる重要語句~

「コロケーション」とは、「単語と単語の相性」のことです。
日本語だと「風邪」と「ひく」という言葉の相性がよく、「風邪をひく」とは言いますが、「インフルエンザをひく」とか「頭痛をひく」とは言いません。このような相性が決まっている語句は、Part 5 でよく問われるだけに、「知っている」=「即スコアアップ」につながります。

---

● **draw one's attention　〜の注意を引く**

動詞drawは「描く」で有名ですが、本来は「引く」という意味で、「線を引く」→「描く」となっただけなんです（「引き分け」を「ドロー」と言いますね）。draw one's attention = call one's attentionです（このcallは「注意を呼ぶ」という意味です）。

● **place an emphasis on 〜　〜に重点を置く**

place an emphasis on teamwork　チームワークに重点を置く
そのまんま「〜の上に強調（emphasis）を置く（place）」で問題ないですね。

● **place an order　注文する**

「注文状態（order）に置く（place）」→「注文する」となりました。別の考え方としては、ネットショッピングで「orderボタンの上にマウスのカーソルを置く（place）」もアリでしょう。

● **take one's place　〜の代わりをする**

「その人の場所（place）を取る」→「代わりをする」という意味です。

takeを使った熟語は、まずは「取る」と考えると意味がわかることがよくあります。take a bus「バスに乗る」も「バスという移動手段を取る」ということです。

● **hold a meeting　会議を開く**
holdは本来「両腕で抱く」という意味で、「会議やパーティーを抱える」→「仕切る・開く」となります。

● **meet the needs　ニーズを満たす**
● **meet the deadline　締め切りに間に合わせる**
meetは「満たす」という意味です。meet the deadlineなら「きちんと締め切りまでの約束を満たす」ということです。

● **fulfill the requirements　必要条件を満たす**
fulfillは「十分に（full）満たす（fill）」→「実行する・満たす」です。fulfill the requirements = meet the requirementsです。

● **offer free delivery　送料無料サービスを提供する**
店が客にサービスを「提供する」という意味でofferが使われます。

● **direct a question to 人　人に質問する**
direct a question to a meeting participant　会議の参加者に質問する
directは「指図する」→「ある方向へ向ける」です。direct a question to 人で「人に対して(to)、questionを向ける(direct)」という意味です。directが空所になると、途端にできなくなる人が多いのでしっかりチェックしてください。

- **build one's confidence**　自信をつける
- **build a future**　将来を築く
- **team building**　チームの育成

buildは「コツコツ積み上げていく」というニュアンスがあります。「ボディービルダー(body-builder)」は「毎日コツコツ筋肉を積み上げていく人」です。

- **consult the owner's manual**　取扱説明書を確認する

consultは「相談する」が有名ですが、本来は「助言を求める」という意味です。「人に助言を求める」→「相談する」、「本に助言を求める」→「本を調べる・確認する」となります。

- **deliver a presentation**　プレゼンテーションをする

deliverの「配達する」という意味は誰でも知っていますが、届けるものが「言葉・プレゼン」でも使えるんです。「プレゼン内容を相手のもとへ届ける」という感覚です。

- **try his mobile number**　彼の携帯電話にかけてみる

tryはこのようにいろいろな場面で使えます。「試しに〜してみる」という意味です。

- **enter the market in Korea**　韓国の市場に参入する
- **enter your hours on this form**　この用紙に勤務時間を記入する

enterは「入る」で有名ですが、「部屋に入る」という基本の意味以外にも、「市場に入る（参入する）」、「数字を入れる（記入する）」という意味でも使えます。

● **release a statement　声明を発表する**

「DVDをリリースする」でよく使われるreleaseは「解き放つ」→「公表する・発売する」です。

● **run an ad　広告を出す**
● **run a check　検査する**

runには「流れる」というイメージがあります(「川が流れる」という意味もあります)。「新聞に広告を流す」→「載せる」と使われます。さらに意味が派生して、run a checkで「検査する」になりますが、これは「対象物に検査を流す」→「検査する」ということです。

● **increase membership　会員数を増やす**

membershipは「会員であること・会員数」という意味です。ways to increase membership「会員数を増やす方法」のように出てきます。

● **receive prior approval　事前の承認を得る**
● **receive unanimous approval　全員一致の承認を受ける**

priorは「前の」という意味です。ビジネスや工事などで「事前の承認を得る」という表現はよく使われます。unanimousは「満場一致の」という意味です。

● **demonstrate innovation　革新をもたらす**

demonstrateは「実演する」という意味です。日本語の「デモンストレーション(派手なパフォーマンス)」のイメージは捨てたほうがいいです。demonstrate innovationは、「innovationを実演する」→「革新をもたらす」となります。

● reduce pollution　公害を減らす

難しい表現ではありませんが、「環境問題」や「これからの企業の目標」などの話で、やたら出るのでしっかりチェックをしておきましょう。

● undergo a number of significant changes
　たくさんの大幅な変更をする

undergoはなかなか覚えるのに苦労する単語かもしれません。「下積み感」がある単語で、「人・出来事の影響下で（under）物事を進める（go）」→「経験する・受ける」ということです。undergo changesで「変化を受ける」→「変更する」となります。

● restore customer satisfaction　顧客満足度を回復する

restoreは「取り戻す」という意味で、「再び（re）在庫状態（store）に戻る」という意味です。クルマ好きな人は「レストア（古い車を修復して走れるようにすること）」で覚えられるでしょう。

# Appendix 3
# 暗記が劇的に減る「前置詞」
## ～本当の意味を知れば暗記は激減する！～

前置詞を使った熟語はたくさんあるので、丸暗記するとなると、かなり大変です。onは「上」、byは「～によって」という考え方では、英語の本当の姿が見えてきません。ここでは、前置詞の意味をきちんと理解することで、暗記量を劇的に減らしていきます！

---

## ○ onの世界

onの核心となる意味は「接触」です。くっつくときは「上にある」ことが多いというだけで、on =「上に」という誤解が蔓延してしまったんです。

### ● 接触「～にくっついて」

　on schedule　予定通りに
　turn on its side　横転する
　try on　試着する

on schedule は「スケジュールにキチっと接触」→「予定通りに」、turn on its side は「回転して、サイドが地面に接触」→「横転する」ということです。

### ● 2つの動作の接触「～するとすぐに」

　on one's arrival　到着したらすぐに
　on completion of the course　コース終了時に

on receipt of the subscription fee 「購読料を受け取り次第すぐに」

> receipt は「レシート」のほかに「受領」という意味もあります。

on は「(2つの動作が接触するくらい)すぐに」という意味で、on 〜ing「〜するとすぐに」という形が有名ですが、on の後に「動作を表す名詞」がくる場合もよくあり、"on[upon] + 動作を表す名詞"「〜したらすぐに」となります。ちなみに upon = on です。

● 行動の接触「〜中」

on duty　勤務時間中で
on holiday　休暇中で
on display／on exhibit　展示中
on one's way out　お帰りの際
on order　注文中で・入荷待ち

「動作が接触」=「〜している最中」という意味になりました。CM の now on sale「発売中」で有名な on です。

● 意識の接触「〜について・関する」

an expert on the subject　そのテーマに関する専門家
comment on the new policy　新しい方針に言及する
vote on when to meet next　次にいつ集まるか投票で決める
work on a report　報告書の作成に取り組む

意識が何かにベッタリくっついて、「〜について・関する」という意味になります。マイナーに思われるかもしれませんが、TOEIC ではこの on はよく使われます。

● 依存 「〜に頼って」

count on 人 for help　人に助けを期待する
on one's own　自力で
on foot　徒歩で
on installment　分割払いで

countはもともと「数をカウントする」ですが、日本語でも、たとえば企画のメンバーを集めるときに「有能な彼を数に入れる」とは「彼の能力に頼る・期待する」という意味です。onは「精神的に接触」→「依存」の意味になります。これはdepend [rely] on 〜「〜に頼る」と同じです。さらに、for「〜を求めて」もセットで、count [depend・rely] on 〜 for ...「〜に…を頼る」という形でよく出てきます。
on installmentは、「分割払いという手段に頼って」→「分割払いで」ということです。

● 影響 「〜に（影響を与えるように）」

have an impact on the company's image　会社のイメージに影響を与える
impose limits on overtime　残業を制限する
make a good impression on clients　クライアントによい印象を与える

「グイグイ接触する」→「ヘコむくらい影響を与える」という意味が生まれました。このonの意味は辞書にもハッキリ載っていないことがありますが、いろいろな熟語で使われるので超重要です。

## ○ inの世界

inの核心は「中に」という意味です。これ自体は簡単ですが、そこからいろんな意味に派生する、けっこうやっかいな前置詞です。

### ● 内側「中に」

 in time 間に合って

「時間内に」→「間に合って」です。まぎらわしいon timeは「予定の時間にピッタリ接触して」→「時間通りに」となります。

### ● 状態「〜の状態で」

 in trouble 困って
 in demand 需要がある
 in perfect condition 完全な状態で
 in stock 在庫がある
 in order きちんとそろった状態で

「〜の中にいる」→「〜の状態」となります。

### ● 形式「〜の形で」

 in every detail 細部にわたって
 in rotation 順番に
 in person 本人で

in Englishは「英語の範囲内で」→「英語で（英語の形式で）」となり、形式のinが生まれました。
in personは「手紙や電話ではなく、人間（person）という形式で」

→「自分本人で」ということです。

● 経過「〜したら・後に」

arrive in eight to ten days　8〜10日で届く
in a moment　すぐに

"in +期間"で「〜したら」という時間の経過を表す用法があります。in a momentは、直訳すると「一瞬（a moment）したら」→「すぐに」です。

## ○ byの世界

byは「〜によって」という意味が有名ですが、**本来は「近くに」という意味なんです。** ただbyが難しいのは、この核心の「近くに」からいろいろな意味に派生するところです。

● 近接「〜の近くに」

stop by　立ち寄る
stand by a table　テーブルのそばに立つ
by oneself　ひとりで

stop byは「そばで止まる」→「立ち寄る」となりました。「事務所に立ち寄る」「商品を受け取りに店に立ち寄る」などTOEICではどの場面でも出てくるうえに、「次に何をしますか？」という設問の答えにもなる超重要熟語です。
by oneselfは「自分のそばに自分自身」→「ひとりぼっちで」となりました。

● 経由「〜を経由して」

  by way of Paris　パリ経由で
  by chance　偶然に

「近く」→「そこを通って・経由して」という意味が生まれました。by chanceは「偶然を経由して」→「偶然に」です。

● 期間「〜までには」

  by noon　正午までに
  by the end of this month　今月末までには

「近くに」→「どんなに近くになってもOKだけど、その期限を越えてはいけない」→「〜までには」となりました。ちなみにtill／untilは「〜まで<u>ずっと</u>」ですので、しっかり区別しましょう。

【参考】

  until the end of this month　今月末までずっと
  at the end of this month　今月末に

  🔖 atは「一点」を表す。

● 差「〜分だけ」

  increase by 30%　30%増える

byには「差」の意味もあります。increase by 30%は「30%分増える（3割アップ）」ということで、たとえば、20%→50%になることです。間違っても「30%に増える」と考えないでください。それは現状25%→30%ということで、その場合はincrease to 30%のように、toを使います（「到達」を表すto）。

## ◯ その他の前置詞を使った熟語

### ● for

exchange a sweater for a larger one　セーターをもっと大きい
　　　　　　　　　　　　　　　　　　　サイズと交換する

for free　無料で

for には「交換（〜の代わりに）」の意味があり、exchange A for B「AをBと交換する」が代表例です。
for free は「0円（free）と交換に（for）」→「無料で」となりました。

### ● of

of interest　興味深い
of service　役立つ

この of は「性質（〜の性質を持った）」という意味です。

### ● to

look to 〜／turn to 〜　〜に頼る

「頼る」という熟語は、depend on・rely on・count on と、ことごとく「依存の on」を取るのですが、look to 〜 と turn to 〜 だけは、「方向の to」を取ります。「困ったときに頼りになる人のほうに（to）目を向ける（look）か、体を向ける（turn）」→「〜に頼る」となりました。

## ● under

under one's direction　人の指揮の下で
under construction　建設中
under repair　修理中
under way　進行中

underは「下に」→「支配下にある最中」→「〜中」となりました。under constructionは「建設業者の支配下にある」→「建設中」です。onにも「〜中」という意味がありますが、underは「支配下」なので、「人の手が加わっている感じが強いもの」に使われる傾向があります。

## ● including

including postage　送料込みで

including「〜を含めて」は、including tax「税込で」で有名ですね。もともとはinclude「含む」という動詞が分詞構文になったものですが、もはや「前置詞」として扱っている辞書がほとんどです。

## ● behind

behind the wheel　運転して

直訳は「ハンドル (wheel) の後ろで (behind)」→「運転席に座って・運転して」です。日本語の感覚では「ハンドルを握って」と言いますが、英語では「ハンドルの後ろ」です (進行方向を基準にしたら人が後ろにいることになりますね)。

## ● within

within walking distance　歩いて行ける範囲に

withinは「〜以内に」という意味です。with「〜を持って」、without「〜なしで」とは関係なく、むしろin「中」という意味を強く持った単語です。

## ● in front of

in front of a live audience　生の観客の前で

in front of 〜 は「〜の前で」という意味の前置詞です。frontの発音は「フ<u>ラ</u>ント」です。「フロント」という発音ではありません。

## ● beyond

beyond repair　修理しても直らない

beyondはもともと「〜を超えて」という意味です。「〜を超えて」→「〜できる範囲を超えて」→「〜できない」となりました。

## ● out of

three out of four　4つのうち3つ
out of service　運転休止の
out of work　失業中
out of paper　用紙を切らしている
out of stock　品切れで

out of 〜「〜の中から外へ」はこれで1つの前置詞と考えてください。three out of fourで、「4つの中から外に出てきた3つ」→「4

つのうち3つ」という意味です。さらに、「外に出る」というイメージから「切らして」といったイメージになります。

● **over**

over the past five years　ここ5年間で
over the last twelve months　この12カ月間で
over a five day period　5日間にわたって

overは「覆って」で、そこから「〜にわたって・〜の間」となります。「ある期間を覆って」→「ある期間の間」ということです。

# Appendix 4
# 長文攻略のための「因果表現」
## ～lead toを「通じる」なんて覚えてはいけない！～

「因果表現」はきちんと取りあげられることはほとんどありませんが、ものすごく重要です。ビジネスで「原因」と「結果」を把握することは重要ですから、TOEICでもよく出てきますし、設問に関わることがものすごく多いんです。「causeは『引き起こす』と訳す」なんて日本語訳だけを覚えてしまいがちですが、それではTOEICのスピードには対応できません。どうすればいいのかキッチリ解説していきます！

---

「因果表現」で大事なことは、" 原因 cause 結果 "のように、原因 と 結果 をキッチリ把握することです。

cause・lead to ～・result in ～ などは、すべて矢印（→）のようなイメージを持ってください。

| 原因 cause 結果 | 原因 lead to 結果 | 原因 result in 結果 |
| --- | --- | --- |
| ⟶ | ⟶ | ⟶ |

こうやって理解すれば、一瞬で 原因 と 結果 を把握でき、内容がスッと頭に入ってきて英文を読むスピードが上がります。リスニングでも効果を発揮します。

受動態は、原因と結果の出てくる順番が逆になった、" 結果 is caused by 原因 "となります。以下に因果表現をまとめておきますので、チェックしてみてください。

## ○「動詞」で因果を表すもの

① 原因 V 結果 の形をとるもの 「原因 のせいで 結果 になる」

原因 cause 結果　　　　　　原因 bring about 結果
原因 lead to 結果　　　　　　原因 contribute to 結果
原因 result in 結果　　　　　原因 give rise to 結果
原因 is responsible for 結果

**Heavy rain has caused flooding in several places along Highway 23.**
(大雨は幹線道路23号線の数カ所で冠水を引き起こした)

② 結果 V 原因 の形をとるもの 「結果 は 原因 のせいだ」

結果 result from 原因　　　　結果 come from 原因

**The increase in the number of tourists has resulted from cheaper airfares and new, affordable hotels.**
(観光客が増えたのは、もっと安い航空券と新しくて宿泊費の安いホテルのおかげだ)

　●「〜のせい」というのは、文脈によっては「〜のおかげ」と訳すときれいになります。

③ V 結果 to 原因 の形をとるもの 「結果 を 原因 のせいにする」

owe 結果 to 原因
attribute 結果 to 原因
ascribe 結果 to 原因

**We owe the success of this project to Judy Winston's hard work.**
(このプロジェクトの成功は、Judy Winston の努力のおかげだ)

## ○「前置詞」で因果を表すもの

「～が原因で」

because of 原因
due to 原因
owing to 原因
thanks to 原因
as a result of 原因

> 最後の as a result of 原因 と混同しやすいのが、次の形です。しっかりと区別しておきましょう。
> 原因 . As a result, 結果 . 「原因 だ。その結果として 結果 だ」

**The workshop has been postponed owing to the bad weather.**
(悪天候のため、研修会は延期となった)

# Appendix 5
# Part 6 で狙われる「接続副詞」
## ～毎回出題される重要語句～

Part6では、前の文との意味を考えながら適切な「接続副詞」を選ぶ問題が出ます。「接続副詞」とは「接続詞のような意味を持つ"副詞"」のことで、以下の語句は「意味」だけでなく、「副詞である」ということまでしっかりチェックしておけば、Part 5 の品詞問題対策にもなります。前置詞のカタマリ（たとえば in contrast）など「副詞の働きをするもの」も一緒に載せています。

## 【反論する】

however／yet／still 「しかしながら」
all the same／nevertheless 「それにも関わらず」
on the other hand／by contrast／in contrast 「対照的に」
on the contrary 「しかしながら／それどころか」
instead／indeed／rather／in fact／as a matter of fact
「それどころか実際は」

> "否定文. In fact 〜." のように否定文の後で使われ「そうじゃなくって実際は〜」という意味になります。

## 【同じものを並べる】

also／besides／moreover／furthermore／what is more／
in addition／additionally 「加えて」
similarly／in the same way 「同様に」
firstly／secondly／finally 「最初に／2 番目に／最後に」
first of all／to begin with 「まず最初に」
then 「それから」

meanwhile 「その間に」

- besidesには、「副詞」のほかに、「前置詞（〜に加えて）」の用法もあります。また、つづりが似ているbesideは「前置詞（〜のそばに）」なので混同しないように注意してください（辞書には「副詞」も載っていますが、古い言い方なので問われません）。besideのside「横」→「そばに」となります。besideはPart 1の写真問題でよく出ます。

## 【具体例を出す】

for example／for instance 「たとえば」
by way of illustration 「説明として」

- illustrationは「例」という意味です。「イラストを使って例を出す」と覚えてください。

## 【言い換える】

in other words／that is／namely 「言い換えると／つまり」
to put it differently 「別の言い方をすれば」

- putは「言葉を置く」→「述べる」という意味です。

## 【原因・結果を述べる】

so／thus／hence／therefore 「だから」
consequently／in conclusion／as a result／that is why 「そういうわけで」
in short／in brief／in a word 「要するに」
accordingly 「それに応じて」

# INDEX

**凡例**

**introduce**(太字) 　見出し語
introduce(細字) 　派生語

## A

| | |
|---|---|
| A as well as B | 167 |
| a couple of ~ | 86 |
| A is followed directly by B | 21 |
| abridged | 296 |
| absently | 300 |
| absolutely | 197 |
| acceptance letter | 119 |
| acclaimed | 302 |
| accomplished | 273 |
| according to ~ | 155 |
| accordingly | 155 |
| acknowledgement | 245 |
| acquisition | 172 |
| across from each other | 47 |
| activate | 252 |
| actually | 25 |
| adjourn | 305 |
| adjust | 156 |
| administration | 103 |
| administrator | 103 |
| admission | 182 |
| advise | 82 |
| advocate | 302 |
| affect | 83 |
| agenda | 183 |
| aging | 270 |
| air | 134 |
| aircraft | 306 |
| alert | 255 |
| alertness | 255 |
| all this way | 113 |
| All you have to do is {to} ~ | 213 |
| allergy | 249 |
| allocate | 285 |
| alternate route | 42 |
| alternative | 41 |
| alternatively | 41 |
| altogether | 212 |
| amateur | 200 |
| amenities | 84 |
| an array of ~ | 190 |
| annual | 15 |
| appetizer | 251 |
| appliance | 179 |
| applicable | 179 |
| applicant | 166 |
| apply A to B | 178 |
| apply for ~ | 178 |
| appointment | 90 |
| approval | 206 |
| approve | 206 |
| approximately | 172 |
| arise | 250 |
| artifact | 307 |
| as far as I know | 163 |
| as of ~ | 247 |
| assemble | 207 |
| assembly line | 207 |
| assess | 240 |

| | |
|---|---|
| assign | 207 |
| assorted | 299 |
| at length | 306 |
| at one's earliest convenience | 241 |
| at the forefront of ~ | 275 |
| at the prospect of ~ | 278 |
| atmosphere | 69 |
| attach | 27 |
| attain | 285 |
| attire | 142 |
| attract | 108 |
| attractive | 108 |
| auditorium | 266 |
| authority | 189 |
| availability | 14 |
| available | 14 |
| avid | 297 |
| award | 180 |

## B

| | |
|---|---|
| baked goods | 122 |
| ballroom | 100 |
| ban | 264 |
| be accompanied by ~ | 263 |
| be authorized to ~ | 240 |
| be carpeted | 128 |
| be committed to ~ | 40 |
| be critical of ~ | 278 |
| be dedicated to ~ | 40 |
| be eligible for ~ | 220 |
| be grateful for ~ | 82 |
| be hesitant to ~ | 278 |
| be located | 18 |
| be open to the public | 140 |
| be propped against ~ | 149 |
| be scheduled to ~ | 34 |
| be situated | 18 |
| be supposed to ~ | 20 |
| beat | 94 |
| become familiar with ~ | 201 |
| belongings | 97 |
| beneath | 154 |
| benefit | 73 |
| bestow ~ on ... | 298 |

| | |
|---|---|
| bill | 41 |
| bio | 284 |
| board member | 49 |
| body | 60 |
| book | 126 |
| boost | 303 |
| bouquet | 115 |
| bowl | 110 |
| box office | 78 |
| breathtakingly | 308 |
| broadcast | 165 |
| brochure | 220 |
| browse | 124 |
| brush | 134 |
| bulletin board | 236 |
| burst | 267 |
| business | 61 |

## C

| | |
|---|---|
| call for ~ | 191 |
| care to ~ | 186 |
| career | 117 |
| carrier | 280 |
| carry | 60 |
| carry out | 183 |
| cashier | 114 |
| catering | 78 |
| caution 人 against ~ | 264 |
| ceiling | 241 |
| celebrity | 84 |
| CEO | 49 |
| certificate | 246 |
| certified | 246 |
| chair | 126 |
| challenge | 103 |
| challenging | 103 |
| characterize | 239 |
| circulation | 259 |
| civic | 216 |
| clear | 129 |
| clerical | 262 |
| clothing | 54 |
| co-chair | 126 |
| coincide with ~ | 281 |

341

| | | | |
|---|---|---|---|
| colleague | 81 | copy | 69 |
| column | 65 | copyright law | 117 |
| come up with ~ | 165 | correspondence | 259 |
| comfort | 215 | cough | 249 |
| comfortable | 215 | courier | 146 |
| commence | 301 | courteous | 274 |
| commend | 280 | cover letter | 78 |
| commensurate with ~ | 304 | coworker | 164 |
| commerce | 163 | crack | 228 |
| commitment | 229 | craft | 306 |
| community | 77 | crate | 147 |
| company picnic | 111 | crew | 111 |
| compare favorably with ~ | 294 | critic | 278 |
| compensate | 282 | criticism | 278 |
| compete | 16 | crowded | 160 |
| competitive | 16 | cubicle | 75 |
| competitor | 16 | culinary | 250 |
| complaint | 85 | cupboard | 145 |
| complimentary | 45 | curb | 146 |
| comply with ~ | 253 | currency | 191 |
| component | 258 | currently | 14 |
| comprehensive | 227 | cyclist | 110 |
| computer literacy | 119 | | |
| concerning | 154 | | |
| conclude | 170 | | |

## D

| | | | |
|---|---|---|---|
| conclusive | 171 | dairy | 85 |
| conference room | 112 | decade | 205 |
| confidential | 272 | definitely | 258 |
| confirm | 180 | degree | 44 |
| conform to ~ | 263 | dental exam | 86 |
| conscientious | 266 | depart | 164 |
| consent | 206 | department | 44 |
| consistent | 308 | departure | 164 |
| consistently | 308 | depend on ~ | 100 |
| consumer | 177 | deposit | 264 |
| contemporary | 235 | destination | 176 |
| contract | 171 | determined | 210 |
| contrary to ~ | 155 | detour | 42 |
| contribute | 266 | device | 54 |
| contribution | 266 | diet | 91 |
| convention | 181 | diligent | 221 |
| cook | 132 | diner | 81 |
| coordinate | 62 | dining car | 80 |
| coordinator | 62 | directory | 301 |
| | | discretion | 304 |

| | | | |
|---|---|---|---|
| discriminating | 298 | entitle | 192 |
| discuss | 67 | entrepreneur | 262 |
| dispense | 264 | equipment | 53 |
| dispose of ~ | 256 | essential | 27 |
| dissatisfy | 169 | establishment | 63 |
| distinctive | 298 | estimate | 182 |
| distinguished | 275 | evaluate | 184 |
| distraction | 108 | examine | 160 |
| district | 163 | exceed | 254 |
| diversity | 217 | exception | 259 |
| division | 165 | exceptional | 259 |
| dock | 148 | excerpt | 147 |
| document | 54 | excessive | 254 |
| double | 130 | excluding ~ | 260 |
| down the hall | 113 | exclusive | 32 |
| downtown | 80 | exclusively | 32 |
| draft | 199 | excursion | 233 |
| drawer | 229 | execute | 254 |
| driveway | 73 | executive committee | 254 |
| drowsiness | 147 | exert | 104 |
| drowsy | 147 | exhaust | 170 |
| duplication | 286 | exhaustive | 170 |
| dye | 236 | exhibition | 33 |
| | | expand | 191 |

## E

| | | | |
|---|---|---|---|
| | | expense | 158 |
| earn | 67 | expertise | 252 |
| economical | 82 | expiration | 36 |
| editor | 213 | exponentially | 289 |
| effect | 83 | expose A to B | 257 |
| effective | 24 | exposure | 257 |
| electronic | 56 | extend | 223 |
| electronically | 56 | extension | 223 |
| embarrassing | 105 | extensive | 223 |
| empty | 188 | exterior | 281 |
| enclose | 26 | extra | 112 |
| encourage 人 to ~ | 186 | extract A from B | 208 |
| endangered | 187 | | |
| engage in ~ | 244 | ## F | |
| engaging | 305 | fabulous | 304 |
| enhance | 289 | face away from ~ | 138 |
| enjoy | 67 | facility | 35 |
| enroll | 187 | faculty | 268 |
| ensure | 186 | fare | 168 |
| enthusiasm | 251 | farewell party | 35 |

343

| | |
|---|---:|
| fashion-conscious | 245 |
| favorite | 99 |
| feature | 215 |
| fee | 48 |
| feedback | 123 |
| feel free to ~ | 167 |
| fellow | 212 |
| file | 138 |
| fill out | 181 |
| filming | 274 |
| fine | 129 |
| firm | 137 |
| fiscal year | 72 |
| fleet | 152 |
| flexibility | 118 |
| fluent | 211 |
| focus on ~ | 220 |
| forecast | 215 |
| former | 261 |
| forthcoming | 303 |
| forward | 130 |
| found | 201 |
| foundation | 200 |
| founding | 201 |
| frequent | 217 |
| full-service | 75 |
| fund | 203 |
| fund-raising | 203 |

## G

| | |
|---|---:|
| garment | 142 |
| general-admission seating | 289 |
| generosity | 214 |
| generous | 214 |
| get to ~ | 232 |
| give 人 a hand with ~ | 196 |
| given ~ | 263 |
| go upstairs | 162 |
| grade | 120 |
| graduate student | 85 |
| grant | 233 |
| grocery store | 195 |
| guarantee | 213 |

## H

| | |
|---|---:|
| halt | 246 |
| hand out | 229 |
| handle | 89 |
| hang | 157 |
| happen to ~ | 196 |
| have yet to ~ | 208 |
| headline | 205 |
| headquarters | 46 |
| hectic | 293 |
| hereby | 296 |
| hesitation | 278 |
| highlight | 59 |
| honor | 134 |
| hose | 145 |
| hospitality | 122 |
| host | 140 |
| house | 138 |
| housekeeping | 119 |
| housewares | 197 |
| housing | 139 |
| hypothesis | 239 |

## I

| | |
|---|---:|
| I'm afraid ~ | 114 |
| identification | 158 |
| identity | 101 |
| illustrate | 218 |
| imperfection | 118 |
| implement | 183 |
| implementation | 183 |
| implications | 275 |
| imply | 275 |
| impress | 169 |
| in accordance with ~ | 282 |
| in advance | 156 |
| in an effort to ~ | 211 |
| in case | 209 |
| in line for ~ | 271 |
| in regard to ~ | 219 |
| in the event of ~ | 86 |
| in the vicinity of ~ | 258 |
| inadvertently | 292 |

| | |
|---|---|
| inaugural | 271 |
| inclement | 144 |
| inconvenience | 157 |
| increase | 171 |
| increasingly | 171 |
| incur | 303 |
| industry | 64 |
| influential | 252 |
| informative | 249 |
| ingredient | 222 |
| initial | 132 |
| initiate | 132 |
| initiative | 288 |
| inn | 273 |
| inquire | 221 |
| inquiry | 221 |
| inspect | 156 |
| inspection | 156 |
| install | 57 |
| installation | 57 |
| instead | 25 |
| institute | 260 |
| instructions | 121 |
| instrument | 52 |
| insure | 209 |
| intensive training | 257 |
| intermission | 253 |
| interview | 66 |
| intricate | 291 |
| intriguing | 291 |
| introduce | 62 |
| introduce | 301 |
| introductory | 301 |
| inventory | 30 |
| invest | 173 |
| invoice | 175 |
| item | 96 |
| itinerary | 148 |

## J

| | |
|---|---|
| job description | 123 |
| job opening | 122 |
| judge | 135 |

## K

| | |
|---|---|
| keynote speaker | 77 |

## L

| | |
|---|---|
| lab | 232 |
| land | 135 |
| landmark | 74 |
| landscape | 216 |
| lapse | 37 |
| last | 126 |
| last-minute | 62 |
| latest | 176 |
| launch | 28 |
| lay off | 235 |
| lead role | 224 |
| leading | 276 |
| lean over ~ | 144 |
| lease | 105 |
| let 人 go | 268 |
| library | 69 |
| lift | 308 |
| lighthouse | 184 |
| line | 68 |
| line up | 160 |
| live up to ~ | 192 |
| local | 99 |
| logical | 64 |
| look over ~ | 195 |
| look up ~ | 196 |
| loose | 88 |
| lower | 136 |
| loyal | 189 |
| luggage | 162 |
| luncheon | 250 |
| lure | 273 |
| luxury | 208 |

## M

| | |
|---|---|
| machine | 53 |
| maintain | 171 |
| make a note of ~ | 209 |
| make it | 26 |
| make one's bed | 194 |

345

| | |
|---|---:|
| make sense | 175 |
| make sure | 166 |
| malfunction | 143 |
| managerial experience | 115 |
| mandatory | 241 |
| markedly | 256 |
| market | 59 |
| masterpiece | 237 |
| material | 61 |
| mayor | 38 |
| mechanic | 89 |
| medical practitioner | 276 |
| medication | 202 |
| memo | 60 |
| mentee | 238 |
| mentoring | 238 |
| merchandise | 53 |
| minimize | 206 |
| minutes | 58 |
| moderate | 188 |
| moderately | 188 |
| modest | 188 |
| monitor | 133 |
| mood | 91 |
| mortgage | 251 |
| motivate | 214 |
| mount | 286 |
| mover | 115 |
| multiple | 234 |
| municipal | 283 |

## N

| | |
|---|---:|
| nearly | 107 |
| negligence | 227 |
| nervous | 95 |
| net | 282 |
| no later than ~ | 50 |
| no more than ~ | 50 |
| nomination | 76 |
| note | 92 |
| noted | 210 |
| notepad | 92 |
| noteworthy | 281 |
| notice | 46 |
| novice | 295 |
| numerous | 204 |
| nursery | 288 |
| nutrition | 237 |

## O

| | |
|---|---:|
| obtain | 174 |
| old-fashioned | 116 |
| on back order | 305 |
| on behalf of ~ | 261 |
| on the premises | 151 |
| online tutorial | 198 |
| on-site | 247 |
| on-the-job training | 284 |
| operation | 159 |
| optimistic | 248 |
| or best offer | 288 |
| organize | 233 |
| outgoing | 36 |
| outgrow | 277 |
| outing | 152 |
| outpace | 277 |
| overhaul | 302 |

## P

| | |
|---|---:|
| package | 73 |
| paid holiday | 114 |
| pan | 124 |
| panel | 271 |
| paper | 66 |
| park | 70 |
| participant | 167 |
| partner with ~ | 129 |
| part-time | 101 |
| pass ~ on to ... | 227 |
| pass out | 201 |
| patent | 255 |
| patio | 75 |
| patronage | 148 |
| pay off | 297 |
| paycheck | 116 |
| pedestrian | 17 |
| peer | 294 |
| per | 290 |

| | | | |
|---|---|---|---|
| performance | 100 | prospective | 106 |
| periodically | 242 | prosperous | 279 |
| permanent job | 87 | proven | 246 |
| persist | 253 | provisionally | 23 |
| persistence in ~ | 253 | public relations | 214 |
| personnel | 83 | publicity | 270 |
| pertain to ~ | 299 | purchase | 177 |
| pharmacy | 248 | purchase order | 113 |
| phase | 106 | pursue | 228 |
| physical | 219 | put away | 161 |
| picturesque | 236 | put on | 19 |
| pile | 22 | put together | 234 |
| pitcher | 97 | | |
| plant | 64 | ## Q | |
| please | 168 | qualify | 157 |
| plumbing | 34 | quarter | 70 |
| point at ~ | 232 | quarterly | 70 |
| portfolio | 72 | query | 307 |
| possess | 221 | quite a few | 102 |
| post | 58 | | |
| postmark | 245 | ## R | |
| postpone | 173 | railing | 144 |
| potential | 106 | rapport | 292 |
| practical | 102 | rate | 181 |
| prescription | 248 | real estate agency | 202 |
| preservation | 228 | rear door | 111 |
| pretty busy | 136 | receipt | 63 |
| prevalent | 256 | Recent data indicates that ~ | 211 |
| previously | 22 | reception | 98 |
| pride oneself on ~ | 267 | recipe | 121 |
| prior to ~ | 155 | recipient | 175 |
| priority | 124 | reflection | 143 |
| private | 107 | refresh | 68 |
| probation | 295 | refreshments | 68 |
| proceed | 142 | refund | 32 |
| proceeds | 142 | regarding | 48 |
| process | 105 | regardless of ~ | 174 |
| produce | 52 | region | 202 |
| professionalism | 123 | regional | 202 |
| proficiency in ~ | 299 | register for ~ | 45 |
| proofread | 285 | registration | 45 |
| proper | 205 | regulate | 279 |
| proportion | 88 | reimburse | 179 |
| prospect | 278 | reimbursement | 179 |

| | | | | |
|---|---|---|---|---|
| related | 190 | | seasoned | 151 |
| relief | 204 | | secondhand | 120 |
| relinquish | 297 | | secure | 137 |
| relocate | 33 | | seek to ~ | 216 |
| reminder | 120 | | separate | 190 |
| removal | 260 | | server | 230 |
| remove | 260 | | set forth | 306 |
| renew | 189 | | set up | 99 |
| renowned | 257 | | sewer | 292 |
| repair | 161 | | shade | 127 |
| replace | 94 | | ship | 56 |
| replacement | 94 | | shoot | 224 |
| report to ~ | 61 | | shorten | 204 |
| represent | 98 | | showcase | 132 |
| representative | 98 | | shut off | 270 |
| reschedule | 43 | | sightseeing | 177 |
| resident | 240 | | sign | 159 |
| respond to ~ | 176 | | sign in | 117 |
| respondent | 222 | | sign up for ~ | 184 |
| résumé | 43 | | significant | 100 |
| retail | 72 | | single-day | 92 |
| retailer | 72 | | sink | 198 |
| retrieve | 231 | | skilled | 226 |
| revenue | 265 | | skyrocket | 293 |
| review | 47 | | sleek | 295 |
| reviewers | 47 | | snack | 90 |
| revise | 219 | | sneeze | 146 |
| revision | 219 | | solicit | 262 |
| rope ~ off | 293 | | sometime | 90 |
| rotate | 283 | | sort | 128 |
| round-trip ticket | 164 | | sort of | 200 |
| routine | 242 | | source | 118 |
| | | | souvenir | 39 |
| | | | spare | 247 |
| | | | speak highly of ~ | 238 |
| | | | specific to ~ | 268 |

## S

| | | | | |
|---|---|---|---|---|
| sample | 128 | | spokesperson | 76 |
| sanction | 300 | | sponsor | 131 |
| scale | 234 | | square | 63 |
| scenic | 277 | | stack | 21 |
| scores of ~ | 88 | | staff | 131 |
| scratch | 242 | | stagnant | 286 |
| screenplay | 224 | | stand for ~ | 199 |
| scrub | 231 | | stapler | 101 |
| sculptor | 265 | | | |
| seal | 137 | | | |

| | |
|---|---:|
| star | 127 |
| statement | 30 |
| state-of-the-art | 39 |
| statistics | 195 |
| step down as ~ | 267 |
| stepladder | 150 |
| stick | 16 |
| stockholder | 172 |
| stool | 110 |
| store | 127 |
| stove | 96 |
| streamline | 294 |
| stress | 139 |
| structure | 57 |
| studio | 96 |
| stunning | 244 |
| submission | 180 |
| submit | 180 |
| subscription | 31 |
| substance | 274 |
| substantial | 274 |
| sufficient | 222 |
| suite | 84 |
| summarize | 199 |
| summary | 199 |
| superb | 283 |
| supervise | 218 |
| supervisor | 218 |
| supplier | 31 |
| supplies | 31 |
| surface | 226 |
| surgical | 255 |
| surpass | 226 |
| surround | 178 |
| survey | 158 |
| suspend | 193 |
| suspension bridge | 193 |
| sustainable | 95 |
| sweep | 230 |
| syndicate | 290 |

## T

| | |
|---|---:|
| table | 59 |
| take a bite | 231 |
| take advantage of ~ | 212 |
| take off | 20 |
| take over | 17 |
| target | 130 |
| temporarily | 23 |
| tenant | 80 |
| tentative | 24 |
| terrific | 81 |
| testimonial | 307 |
| theme | 217 |
| this long | 102 |
| thorough | 104 |
| thoroughly | 104 |
| thrill | 169 |
| throw away | 161 |
| ticket | 66 |
| tidy | 290 |
| tighten | 230 |
| timely | 38 |
| tip | 187 |
| to capacity | 280 |
| Tokyo-based | 121 |
| top-of-the-line | 68 |
| tracking number | 150 |
| trade show | 76 |
| traditional | 104 |
| traditionally | 104 |
| trail | 279 |
| transact | 194 |
| transaction | 194 |
| transfer | 193 |
| transition | 194 |
| transport | 193 |
| treat | 203 |
| trim | 272 |
| trip | 95 |
| tuition | 198 |
| tune in to ~ | 203 |
| turn around | 65 |
| turn on | 192 |
| turn to page ○○ | 112 |
| turnover | 149 |
| typically | 265 |
| typo | 272 |

## U

| | |
|---|---|
| unavailable | 14 |
| unbeatable | 94 |
| unconditionally | 276 |
| understaffed | 131 |
| unique | 89 |
| unlike | 87 |
| unload | 143 |
| unpack | 135 |
| unplug | 136 |
| unrivaled | 139 |
| unveil | 300 |
| uphold | 291 |
| utensil | 150 |
| utility rate | 182 |

## V

| | |
|---|---|
| vacancy | 133 |
| vacant | 133 |
| vacate | 133 |
| vacation | 133 |
| valid | 159 |
| valuables | 152 |
| vary | 173 |
| vehicle | 52 |
| verification | 244 |
| verify | 244 |
| versatile | 296 |
| vessel | 77 |
| via | 154 |
| visibility | 70 |
| vital | 28 |
| volunteer to ~ | 140 |

| | |
|---|---|
| voucher | 74 |

## W

| | |
|---|---|
| walkway | 74 |
| warehouse | 197 |
| water | 56 |
| waterfall | 149 |
| We regret to inform you that ~ | 116 |
| wear | 19 |
| weather permitting | 15 |
| weigh | 87 |
| well-being | 218 |
| wheel | 97 |
| When it comes to ~ | 168 |
| wildlife | 151 |
| win | 94 |
| wing | 57 |
| with the exception of ~ | 210 |
| withdraw | 107 |
| withstand | 108 |
| work | 65 |
| workforce | 239 |
| workshop | 91 |
| worthwhile | 235 |
| wrap | 162 |
| wring | 145 |

## Y

| | |
|---|---|
| yawn | 284 |
| yearly | 37 |
| yield | 237 |
| You are cordially invited to ~ | 261 |
| You've reached ~ | 58 |

# おわりに

acknowledgements

　書店には膨大な数のTOEIC本が並んでいます。その中からこの本を選んで、さらにはここまでお読みいただき、本当にありがとうございます。

　単語帳1冊を終えることは素晴らしいことです。この努力をスコアに効率よく直結させるために、復習だけはしっかりと行ってください。6回やって一度頭に入れた単語は「定着した」と言えますが、さすがに一生忘れないわけではありませんので、その後「月1メンテナンス」はしてください。単語帳1冊といえども、6回もやっていれば、1時間でチェックできるはずです。月に1回（1時間だけ）は総確認をして、記憶を万全なものにしてください。

　TOEICは日曜の昼間に2時間もかかる過酷な試験です。でも、ネットでの結果発表が行われる3週間後の月曜の昼休み、ドキドキしながら、サイトで自分のアカウントを開き、目標のスコアが出てきたときの喜びは、大人になってからはなかなか味わえないものだと思います。あの感覚をみなさんもぜひ味わってください。

　この本ではたくさんの方々にお世話になりました。特に株式会社KADOKAWAの皆さんに感謝いたします。特に、企画・編集を担当してくださった、細田朋幸編集長、城戸千奈津さん、どうもありがとうございました。この本に関わってくださったすべての方に感謝しております。本当にどうもありがとうございました。

関正生

〔著者紹介〕

**関　正生**（せき　まさお）

　TOEICテスト990点満点取得。

　1975年生まれ。埼玉県立浦和高校、慶応義塾大学文学部（英米文学専攻）卒業。リクルート運営のオンライン予備校「スタディサプリ」講師。2006年の新TOEICテストに移行後、ほとんどの公開テストを受験し、問題分析や傾向の変化を研究している。『週刊英和新聞朝日ウイークリー』（朝日新聞社）や『CNN ENGLISH EXPRESS』（朝日出版社）、NHKラジオ講座『基礎英語3』『入門ビジネス英語』（NHK出版）など記事執筆も多数。著書は『世界一わかりやすい英文法の授業』『CD付　世界一わかりやすいTOEICテストの授業［Part1-4リスニング］』（以上、KADOKAWA）など、累計140万部突破。

〔英文監修〕

**カール・ロズボルド　Karl Rosvold**

　アメリカ・ミシガン州出身、日本在住15年。東京大学大学院修士課程修了。日本語能力試験1級合格（満点）。大手IT企業・金融機関等でビジネス英語を教えるかたわら、TOEICテストを自ら何度も受け研究。990点満点取得。共著に『新TOEIC TEST総合対策特急　正解ルール55』（朝日新聞出版）など。

## 世界一わかりやすい　TOEIC®テストの英単語 (検印省略)

| | |
|---|---|
| 2015年 5 月19日 | 第 1 刷発行 |
| 2021年 5 月15日 | 第 20 刷発行 |

著　者　関　正生（せき　まさお）
発行者　青柳　昌行

発　行　株式会社KADOKAWA
　　　　〒102-8177　東京都千代田区富士見2-13-3
　　　　電話　0570-002-301（ナビダイヤル）

●お問い合わせ
https://www.kadokawa.co.jp/（「お問い合わせ」へお進みください）
※内容によっては、お答えできない場合があります。
※サポートは日本国内のみとさせていただきます。
※Japanese text only

定価はカバーに表示してあります。

DTP／フォレスト　印刷／三秀舎　製本／鶴亀製本

©2015 Masao Seki, Printed in Japan.
ISBN978-4-04-601108-4　C2082

本書の無断複製（コピー、スキャン、デジタル化等）並びに無断複製物の譲渡及び配信は、著作権法上での例外を除き禁じられています。また、本書を代行業者などの第三者に依頼して複製する行為は、たとえ個人や家庭内での利用であっても一切認められておりません。